# INICIACIÓN AL REIKI

## La antigua terapia energética

MARIA GRAZIA CARINI  Y GIANCARLO VISCONTI

# INICIACIÓN AL REIKI

### La antigua terapia energética

Traducción
Arturo Castro Mogrovejo

PANAMERICANA
EDITORIAL

Carini, Maria Grazia
    Iniciación al reiki / Maria Grazia Carini;
traducción Arturo Castro. — Bogotá : Panamericana Editorial, 2005.
    144 p. ; 23 cm. — (En armonía)
    ISBN 958-30-1629-2
    1. Paz interior 2. Espiritualidad 3. Curación por la fe 4. Reiki
5. Sanación interior I. Castro Mogrovejo, Arturo, tr. II Tít. III. Serie.
    291.4 cd 20 ed.
    AJB1628

            CEP-Banco de la República-Biblioteca Luis Ángel Arango

**Editor**
Panamericana Editorial Ltda.

**Dirección editorial**
Conrado Zuluaga

**Edición**
Pedro José Román

**Traducción**
Arturo Castro Mogrovejo

**Carátula**
Diego Martínez

**Diseño y Diagramación**
Claudia Margarita Vélez G.

Título original del libro: *Iniziazione al Reiki*
Copyright© 2002 por Edizioni Mediterranee — Via Flaminia 109 — 00196 Roma

**Primera edición** en Panamericana Editorial Ltda., enero de 2006
Copyright© 2005 de la traducción, por Panamericana Editorial Ltda.
Calle 12 No. 34-20 Tel.: 3603077
www.panamericanaeditorial.com
panaedit@panamericanaeditorial.com
Bogotá D. C., Colombia

ISBN: 958-30-1629-2

Impreso por Panamericana Formas e Impresos S.A.
Calle 65 No. 95-28 Tel.: 4302110
Bogotá D. C., Colombia
Quien sólo actúa como impresor.

Impreso en Colombia
Printed in Colombia

# CONTENIDO

# PREFACIO

El reiki es un arte terapéutico sagrado que permite conectarse con la energía pura que proviene del absoluto, del Brahma, de Dios: ahí se manifiesta la conciencia pura.

La energía pura es la información que le permite a la materia estructurarse y organizarse en el espacio-tiempo.

¿Quién le informa a un ser, durante el desarrollo en el vientre materno, cómo debe crecer, cuál es la tarea específica de cada célula y cómo éstas deben organizarse? Es la energía, que proporciona información espacial, determinando la forma del ser, e información temporal, ordenando la reproducción y diferenciación de los grupos celulares.

Cuando la información energética no es suficiente, el cuerpo se enferma.

El reiki trabaja sobre esta energía devolviendo el equilibrio a los chakras y a los diferentes órganos, proporcionando así la información faltante. De hecho, la enfermedad no es otra cosa que una carencia de información.

Por desgracia, la difusión del reiki en Occidente durante los últimos años se ha realizado de manera inadecuada y, a menudo, poco honesta, lo que ha generado confusión, conceptos falsos y, sobre todo, ha ocultado el valor real de este arte.

Los textos sobre el tema son abundantes, por lo cual nos pareció óptimo el enfoque de Carini y Visconti, que en este libro de fácil consulta proporcionan respuestas a los interrogantes que pueden surgir en todos aquellos que abordan una técnica nueva que, además, implica respeto hacia los valores sagrados.

Osvaldo Sponzilli

Dios no es una persona, Dios es energía
Él es la esencia de la vida.
Él es pura conciencia. Él es eterno.
Aún así, no todos son capaces de encontrar refugio
en la presencia viva que todo lo colma.

GANDHI


El hombre es el artífice de su propio destino
en tanto es libre de escoger
la forma de usar la libertad.
Pero el hombre no tiene control de los resultados.
En cuanto se ilusiona, se malogra.

GANDHI

# INTRODUCCIÓN

Una de las convicciones profundas, diríamos la fundamental, que inspira el pensamiento del reiki es que nada, jamás, sucede por azar. Pensamos que ni siquiera la idea, el desarrollo y la impresión de este libro son casuales, sino que detrás hay un plan preciso que tiene que ver con la vida de los autores y la de aquellos que lo leerán. Esto también es válido para el hecho de que este libro, en este instante, está bajo los ojos del lector.

Es un hecho que, en todo el mundo, aumenta día a día el número de personas que creen en el reiki, que aceptan sus principios como inspiradores de una nueva concepción de la existencia, que descubren el significado de curar por fuera del ámbito puramente clínico. Y cuando, en reiki, hablamos de "curación" nos referimos a la posibilidad de recuperar, en un amplísimo número de casos, no sólo la salud del cuerpo sino también la del espíritu.

Otro factor, que consideramos altamente significativo, es la amplia difusión del reiki, no por causa de una "moda" —por demás cuestionable, no obstante la buena fe de quien la propaga—

sino a causa de los resultados concretos y objetivos que convencen de su validez.

El reiki es muy antiguo —escritos sutra de hace más de 2500 años ya trataban este tema ampliamente— pero sólo en el pasado reciente fue redescubierto en Kyoto, Japón, y por mérito, a más de tenacidad, de un teólogo llamado Mikao Usui, su luz brilla de nuevo. Desde allí comenzó, posteriormente, a difundirse también en el mundo occidental. La causa del gran interés que provoca en nuestra cultura, quizá deba buscarse en la carencia de valores éticos y espirituales que caracterizan nuestros tiempos, nuestro estilo de vida y nuestra existencia. Nos dimos cuenta de que ante la incontenible y arrebatada carrera por "tener" debemos necesariamente dedicar tiempo al "ser", a la persona como tal, con todas sus exigencias de reencontrarse y reconocerse entre un individuo y otro, en una sociedad y un contexto donde la interacción y la convivencia son cada día más estresantes y la competencia más devastadora. El reiki, y de eso estamos convencidos, puede hacer recuperar la humanidad, la espiritualidad, la armonía, el altruismo, la salud mental y física, el amor (sí, amor) y la seguridad. Todas estas son condiciones favorables, no solamente en la vida cotidiana de una relación sino también en el ámbito profesional.

Se encuentran fácilmente libros sobre reiki y su historia, que describen al detalle las técnicas de tratamiento, que hablan profusamente de los chakras y sus características. Por eso hemos considerado útil y necesario hacer algo diferente: responder aquellas preguntas que podrían ocurrírsele a cualquier lector, pero sobre las cuales no sabría dónde encontrar una respuesta.

Un libro, entonces, complementario a los ya escritos, que explotando de manera sinérgica los conocimientos y experiencias específicas de los autores, está en capacidad de satisfacer las exigencias de saber, resolver dudas, satisfacer curiosidades —a veces incluso banales— y, si es del caso, disipar sospechas; para que quien esté interesado en el reiki pueda acercarse con tranquilidad y serenidad de ánimo.

De cualquier modo, son indispensables algunas actitudes en el lector para que esta obra le sea realmente útil: disposición mental para aceptar que algunas cosas puedan ser, y sean, diferentes de como las ha considerado siempre; confianza en que el reiki en ningún caso puede perjudicar de manera alguna; y creer —y se lo aseguramos formalmente— que todo lo que leerá no son simples hipótesis o suposiciones, sino fruto de la experiencia de los autores. ¡Feliz lectura!

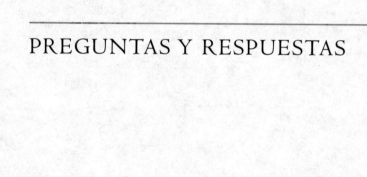

# PREGUNTAS Y RESPUESTAS

# PREGUNTAS Y RESPUESTAS

## 1. ¿CUÁL ES EL SIGNIFICADO DE LA PALABRA REIKI?

En muchos textos se afirma que "reiki" se pronuncia "ray-key", pero en español se pronuncia como se escribe.

Reiki es un término japonés compuesto por dos voces: rei y ki. La primera, rei, expresa el concepto de la energía universal que lo impregna todo y de la cual todo se origina. Una energía, entonces, presente en cada molécula, en cada átomo de cada cosa, incluso en los de nuestro cuerpo, que sin ella no existirían.

Ki, en cambio, es específicamente la energía vital que fluye en todas las cosas vivientes. Este concepto lo encontramos en todas las culturas, aunque con diversas denominaciones: a manera únicamente de ejemplo, los chinos lo llaman chi, en la cultura hindú es el prana y en la cristiana es la luz. En síntesis, el reiki es la energía vital universal, entendida como una fusión de energías que interactúan entre sí.

## 2∎ El reiki, ¿es una religión, una filosofía o qué es?

El reiki no es una religión, ni se inspira o hace referencia a ninguna filosofía. Si tenemos que definirlo de alguna manera utilizando el lenguaje corriente, diremos que es un método terapéutico global (por tanto se refiere a una totalidad organizada), capaz de generar armonía espiritual, mental y física. Por tanto, en sentido lato, salud y bienestar.

Para nosotros es algo más: es una doctrina espiritual muy simple pero con la capacidad de incidir profundamente en la condición del ser humano; un "método" para descubrirnos a nosotros mismos y nuestras capacidades creativas, para vivir e interpretar nuestra cotidianidad bajo una óptica completamente nueva. Con el reiki, nuestra vida se transforma al adoptar un modo de vivir diferente al establecido en nuestra sociedad, que la vuelve tan llena de contrariedades, de estrés, de deseo de posesiones, individualista al extremo. El reiki nos pone de nuevo en contacto con esa cualidad divina, la energía, que está en nosotros y en nuestro entorno.

Nosotros también somos energía, vivimos inmersos en ella aunque no nos demos cuenta. O quizá, muy a menudo, no nos detenemos a reflexionar que cada uno de nosotros es una pequeña parte del todo; que nuestras vivencias nos proporcionan intuiciones a las que no prestamos atención; que en nosotros existe un potencial de amor y bondad mucho mayor del que percibimos a nivel consciente; que —aunque en diferente grado entre un individuo y otro— estamos dotados de potencial creativo; que cada uno de nosotros nace con un proyecto personal, una misión que cumplir: desarrollar su propio ser; que vivimos en un contexto humano degradado y prestamos poca atención a la alegría de dar y recibir; y, en fin, que todos poseemos las capacidades necesarias para afrontar la vida con valentía. Cuando seamos plenamente conscientes de todas estas realidades que hemos enumerado, podremos llevar a cabo nuestra "sanación" personal y ser armónicos con el universo, tanto a nivel físico como psíquico.

El requisito para lograr tal resultado es la voluntad de una mente que realmente desea transformarse y evolucionar. Todos sabemos bien que la mente puede ser nuestra mejor aliada o, por el contrario, un obstáculo. Pero si se educa con paciencia y cariño, será receptiva al cambio.

Esta es la ayuda que proporciona el reiki, pues puede despertar la energía de amor reprimida u olvidada que hay en todo ser humano y, al hacerlo en nosotros, nos ayuda a resolver nuestras auténticas necesidades. Es como si tuviéramos a nuestra disposición un preceptor sensible y atento a nuestras necesidades más íntimas, a las apremiantes exigencias interiores que, a menudo, ni siquiera nosotros mismos logramos reconocer y escuchar.

Además, podremos sentir el reiki como a un padre que nos alienta a superar esquemas mentales artificiosos e inconvenientes, estructuras psicológicas sedimentadas en el tiempo, temores ocultos que se alojan en nuestra psiquis. En fin, el reiki es como un guía que nunca nos juzgará, sino que nos ayudará a sacar lo mejor de nosotros mismos con amor infinito.

La libertad no consiste en intentar ser
algo diferente a lo que se es, ni en hacer cualquier
cosa que te pase por la mente, sino en comprender
lo que se es, instante tras instante.

KRISHNAMURTI

La mente es el instrumento de la percepción,
pero para tener una percepción verídica es necesaria
una mente inocente, que haya tenido una vasta experiencia
pero que, aún así, esté libre de la experiencia misma.

KRISHNAMURTI

### 3. CUANDO HABLAMOS DE AMOR, ¿LO ENTENDEMOS COMO SER BUENOS Y ÚTILES SIEMPRE?

Es importante no confundir el amor con la "benevolencia". La benevolencia que se practica habitualmente es calculadora, nunca altruista. Aunque es un proceder bien intencionado, sin embargo está dirigido a satisfacer un ego que se gratifica en la propia generosidad.

El amor del que hablamos es, en cambio, ese sentimiento natural, espontáneo y carente de cualquier interés, exento de cualquier expectativa, que nos hace participar con una actitud positiva en cada acontecimiento de la vida de cualquier persona. Éste es el amor del que se habla en el reiki.

### 4. ¿DE QUÉ CULTURA PROVIENE EL REIKI?

Respecto al reiki no hay literatura o información cierta sobre sus orígenes. Sin embargo, actualmente la versión más acreditada y compartida es la de un teólogo japonés, Mikao Usui, que redescubrió los símbolos y fórmulas en un templo zen, en textos escritos en sánscrito. Según la versión de Usui sus hallazgos lo han llevado a la deducción de un origen indio. Pero no es la única hipótesis explorada.

Sólo se puede decir con certeza que sus huellas se pierden en la milenaria tradición de la espiritualidad oriental, con referencias recuperadas de escritos sutra de hace más de 2500 años, que citan métodos de curación usados en la región comprendida entre el norte de la India y el Tíbet, donde Buda pasó la mayor parte de su vida.

5∎ ¿EL QUE PRACTICA REIKI HACE PARTE DE ALGO SEMEJANTE A UNA SECTA O CONGREGACIÓN?

No. Es más, con exactitud podría decirse lo contrario, considerando que el reiki es un mensaje universal destinado a cada ser humano en una fase histórica —la actual—, que ve exaltado a los niveles máximos la utilización, instrumental y materialista, de la energía que la ciencia y la tecnología están en capacidad de producir.

El hombre occidental finalmente está descubriendo en la espiritualidad sus propias capacidades energéticas y siente interiormente que debe, y puede, expresarse al máximo y con inteligencia. Se está dando cuenta que es suya, y sólo suya, la inmensa responsabilidad de la calidad de su vida y la de todo el planeta. Con el pasar del tiempo, estos conceptos se están arraigando profundamente, tanto en el interior de las familias como en la sociedad, desarrollando una cultura del bien común, durante demasiado tiempo olvidada y hoy casi inexistente.

El reiki posee en sí mismo —y exalta— estos principios; por tanto, no pertenece a una élite, no está ligado a ninguna etnia, nación o religión: pertenece a toda la humanidad, es una maduración de la conciencia capaz de beneficiar e impulsar la evolución de nuestro planeta.

El hombre tendrá cada vez más conciencia de sus propias capacidades y de poseer naturalmente desde el nacimiento cualidades divinas que esperan manifestarse y ser utilizadas. Además, al reconocerlas también en cada uno de los demás hombres, se podrá superar el conflicto por la diversidad, y la palabra "igualdad" se comprenderá en su significado más profundo.

## 6▪ ¿Nos sirve también a nosotros los occidentales?

¡Quizá nunca habíamos tenido más necesidad del reiki que en este momento! Saturados de todo lo que es desarrollo tecnológico, sofocados por continuos condicionamientos a todos los niveles, empujados constantemente a tomar decisiones que no derivan de elecciones interiores conscientes, aprisionados en programas de vida cada vez más vertiginosos y, por tanto, más superficiales, podemos recuperar nuestro "ser" original recurriendo a la sabiduría de las leyes universales de la evolución y la supervivencia, que nos indican los caminos para cambiar una realidad que nos humilla tanto a nivel psicológico como espiritual. Distraídos por las continuas presiones consumistas estamos en riesgo de perdernos; sin un punto de referencia interior viviremos bajo el dominio de situaciones que no podemos controlar. El estrés, la ansiedad y la competitividad nos aleja de la naturaleza, de los sentimientos y de la gratitud por la vida misma. Así, los demás se convierten en enemigos, de quienes debemos defendernos, que atentan contra nuestra seguridad. Pero esa seguridad, a la que tan tenazmente nos aferramos, es mutable y transitoria, importante sólo en apariencia.

Estas son las ilusiones que nos separan de los demás y de nuestro mismo ser. Esa es la raíz de nuestra angustia, de nuestra perenne insatisfacción.

## 7▪ ¿Hay diferencia si quien está interesado en el reiki es budista, cristiano o ateo?

Todos ven a Dios en algo, aún si se declaran ateos. Incluso quien hace mal está buscando, aunque sea de manera aberrante, "su" dios. Una vez un alcohólico dijo que él buscaba a dios en el fondo de un vaso.

En realidad Dios está en todos nosotros: en el ateo y en el religioso, en el asesino y en el santo; es únicamente la falta de conocimiento lo que no nos permite verlo y así, a menudo, negamos su existencia. Pero sólo se puede negar lo que existe, siendo innegable lo inexistente.

Si se es discípulo de algún maestro o seguidor de cualquier religión, el reiki fortalecerá la fe; si en cambio no se cree en nada, se encontrará la fe en sí mismo y en la vida. Recordemos que en el Evangelio de Lucas está escrito: "El reino de Dios está dentro de vosotros".

### 8 ◾ ¿QUÉ DIFERENCIA HAY ENTRE EL AMOR DE LOS CRISTIANOS Y EL DEL REIKI?

Todos los profetas y maestros han predicado el amor universal, pero este amor se alcanza cuando dejamos de estar condicionados por el propio ego. Algo nada difícil para el ser humano.

Decimos que en el momento en que el hombre decide con humildad ser instrumento y canal de energía reiki para sí mismo y para los demás, está en capacidad de percibir el amor universal, el amor incondicional, del cual también hablaba Jesús. El reiki es una de las muchas expresiones del espíritu cristiano.

### 9 ◾ ¿CUÁL ES EL PRINCIPAL OBJETIVO DEL REIKI?

Estar agradecidos por la vida que se nos dio y experimentar la alegría de compartir, aceptar las enfermedades como señales de desequilibrio y, por tanto, transformarlas mediante la evolución, vivir cada instante no solo con la mente sino con todo el corazón, comprender que cada uno de nosotros tiene una misión que realizar en la vida según sus propias cualidades.

Para entrar en la dimensión de la "unidad" es necesario ser consciente de que cada acción o pensamiento interactúa a nivel energético con el de los demás. Y en reiki, eso está comprobado. Ser canales reiki significa entonces vivir la vida en su globalidad, comprendiendo su profunda belleza.

## 10■ ¿El reiki tiene fundamentos científicos?

Parece increíble que los conceptos de la física moderna sean tan diferentes de aquellos formulados por Newton no hace tanto tiempo.

Las investigaciones atómicas nos han revelado características hasta ahora desconocidas de la materia. La totalidad del universo, y cada forma de materia en él comprendida, está constituida de espacios vacíos y átomos en movimiento constante, con pequeñas partículas que se mueven vertiginosamente en su interior. Es sólo gracias a su cohesión que tenemos la impresión de la solidez de las cosas. La ciencia ha probado que la materia no es más que una forma de energía constituida por electrones, protones y neutrones, atravesada por ondas vibrantes, cada una con su propia frecuencia. Incluso cada célula de nuestro cuerpo recibe y da energía, interactuando con las otras células del organismo. Por consiguiente, el cuerpo reaccionará según las vibraciones que sobre él ejercen influencia. Investigadores científicos estadounidenses observaron a personas que practicaban reiki, constatando con sorpresa que su sistema nervioso autónomo, si bien permanecía sensible a los estímulos provenientes del exterior, continuaba manteniendo su equilibrio emitiendo ondas alfa y theta, típicas del estado de relajación. Además, evidenciaron una notable disminución del consumo de oxígeno y de la producción de anhídrido carbónico, así como una merma en la concentración de ácido láctico en la sangre. Todo ello es demostración de un estado de bienestar global y una profunda relajación obtenida durante la práctica. Esta práctica propicia un estado más elevado de conciencia, una vida más sana y armónica, y una mayor conciencia de nuestra responsabilidad frente a las decisiones.

Estamos seguros de que, a medida que la ciencia avance en sus investigaciones, muchas curaciones que hasta ahora nos han parecido misteriosas, tendrán explicación, obtendremos un conocimiento más amplio de la energía, de sus características y de las formas en que se presenta, y sabremos cómo usufructuarla para bien de la humanidad y del planeta mismo.

## 11. ¿HAY QUE ESTUDIAR REIKI PARA APRENDERLO?

El reiki es el arte de la sanación. Para aprenderlo no se necesitan estudios específicos. La semilla de este arte ya se encuentra en cada hombre, para que despierte y llegue a florecer necesita entrar en sintonía con la potencia pura de la energía creadora. A través de la iniciación al reiki y unas reglas prácticas y elementales, emprenderemos un camino rico en experiencias significativas, y durante el cual nos sentiremos constantemente apoyados por el amor universal.

12. El reiki habla de energía universal, espíritu divino, ser supremo. Es posible que haya cosas en las cuales no todos crean, conceptos que no todos están dispuestos a aceptar. Si así fuera, ¿de todos modos se puede practicar reiki?

Se ha demostrado científicamente que la energía es omnipresente, tanto en lo visible como en lo invisible, y que el universo mismo en su infinita armonía es energía. ¿No se podría afirmar que todo esto es una manifestación divina? Si la palabra Dios o divino causa malestar o es rechazada, esto puede ser un límite de la mente humana, racional y finita, que no logra concebir algo infinito.

Entonces, se trata solamente de un problema de comprensión y de interpretación, pero esto ciertamente no impedirá que la energía exista en el cuerpo, en los pensamientos, en las acciones de cada cual. Si se acepta este principio, se puede practicar reiki; en caso contrario, sería como saber que se necesita una medicina pero no se toma porque no se cree en su eficacia.

13. ¿Espiritualidad y religión son lo mismo?

En ningún lugar y en ninguna época, ha existido un ser humano que, por lo menos una vez en la vida, no haya vuelto los ojos al cielo invocando ayuda y consuelo. Esto independientemente de su religión, puesto que no es ésta la que cuenta, sino la fe. Cuando nos vemos inmersos en el dolor y obligados a afrontar algo que nos parece más grande que nosotros, en ese momento sentimos que tenemos que recurrir a alguien que pueda ayudarnos. A Él le abrimos el corazón colmado de sufrimientos y nos encomendamos. Esta es la fe: la convicción de poder encontrar el camino y la serenidad, rindiéndonos a una fuerza y a una voluntad superiores que todo lo pueden, que todo lo saben, que todo lo gobiernan dentro de la óptica de un esquema universal.

En las diferentes culturas, civilizaciones y tradiciones se generaron diversas religiones, elaboradas de manera que correspondieran a las necesidades de cada pueblo. Pero todas las religiones son únicamente aspectos diversos de una realidad única que nosotros, como seres humanos y por lo tanto con una mente limitada, no podemos llegar a ver ni, mucho menos, a entender.

Cuando se habla de religión, viene a la mente algo positivo que acerca al hombre a Dios; pero por desgracia, también hay otro aspecto: Las religiones tienen sus seguidores, sus creyentes fanáticos, que rechazan y condenan a quienes piensan diferente a ellos. Así se desencadenan guerras, se causan estragos, se ejecutan estrategias de poder político y económico. En nuestros días hay todavía, y a pesar del progreso, un triste testimonio. Cuando la religión se convierte en inspiradora de todo esto, no es más que una máscara tras la cual se esconden tiranos, un instrumento para controlar a los hombres, sus ideas y sus acciones, a través del temor a la transgresión, a la represión física y moral, mediante el sentimiento de culpa. Con este perfil cualquier religión puede convertirse en un problema: restringe la evolución hacia una conciencia universal.

Cuando estamos ligados a reglas que no son universales, a prohibiciones que están a nuestro favor o contra cualquiera que piense diferente, a falsos moralismos, impedimos la comprensión de lo diferente y el ego dirige cada uno de nuestros pensamientos y acciones. Si omitimos todo esto, cada decisión, aunque parezca justa ante nuestros ojos, no es en realidad más que el fruto de un cálculo del ego, que sólo reconoce arquetipos muy bien definidos.

La máxima dificultad que se nos plantea es el círculo vicioso que recorreremos en busca de una libertad inalcanzable mientras sintamos temor de todo aquello que sea diferente de lo comúnmente aceptado y a lo cual nos oponemos con todas nuestras fuerzas.

Solamente después de decir esto podemos, en pocas palabras, decir qué es lo que, en cambio, entendemos como espiritualidad: la búsqueda constante, humilde, profunda, valiente, de aquello que, en cada uno de nosotros, une en lugar de dividir, eleva en lugar de reprimir, acepta en lugar de suplicar, teniendo como objetivo final el amor y la armonía.

14■ ¿EL REIKI AYUDA A VIVIR "ESPIRITUALMENTE", A TENER
FE DE UNA MANERA CONSCIENTE?

Ciertamente. El reiki ayuda a "sentir" qué es realmente la fe, a asumir nuestras responsabilidades sin temores, a crecer según los principios de una evolución cuyo punto central es la capacidad de interacción con los demás y con todo aquello que nos rodea. El reiki nos da la capacidad de introspección para observarnos, para reconocernos y aceptarnos; lo cual constituye el inicio de cualquier cambio. La ignorancia nos impide el contacto con nuestro ser y alcanzar la conciencia superior.

### 15▪ ¿CÓMO ES POSIBLE SALIR DE TAL IGNORANCIA?

Para que pueda comprenderse totalmente lo que sigue, vale la pena recordar que el término "ignorar" significa no saber, no conocer, no percibir. Por consiguiente, para salir de la ignorancia, en nuestro caso, se deben usar... las alas. ¿Cuáles? Las de la fe y el amor. Ellas nos harán volar más allá de lo simplemente humano.

La fe nos lleva a creer en la existencia de una ley y un proyecto divino a nivel universal. Representa el poder que sostiene, conquista y determina todas las cosas. Cuando se une al amor, constituyen una fuerza ante la cual nada puede resistirse. El amor es la manifestación de lo divino a través de lo cual se consuma la armonía cósmica. El amor y la fe ahuyentan la ignorancia, pues en nuestra conciencia se anula la separación con lo que es "diferente". Nuestras almas no son aisladas, sino parte de una unidad que lo comprende todo, y por tanto están indisolublemente ligadas unas a otras. Esta conciencia nos permite sentirnos un todo con cada ser vivo y con los objetos.

El amor es el principio de la vida. Nuestra misión y objetivo es propagarlo, dentro y fuera de nosotros. Expresamos amor con la vida que vivimos —no simplemente como intención— y con el corazón abierto a la comprensión. Relacionémonos con los demás desde nuestra espiritualidad, porque si lo hacemos únicamente desde nuestro ego, permaneceremos anclados a la tierra, al instinto de juzgar, incapaces de volar. El conocimiento no es juicio sino compenetración, comprensión y participación. Para que todo esto ocurra debemos escuchar la voz de nuestro ser, algo posible si afinamos progresivamente la capacidad de percibirla.

En verdad os digo que todo aquello
que habéis ligado sobre la tierra también será ligado
en el cielo, y todo aquello que habéis desligado
en la tierra será desligado también en el cielo.

Evangelio Según San Mateo


No condenes para no ser condenado,
porque con el juicio con que juzgas serás juzgado,
y con la vara que mides también serás medido.
¿Por qué miras la paja en el ojo de tu hermano
y no te das cuenta de la viga que hay en el tuyo?

Evangelio Según San Mateo

### 16▪ ¿Cómo se afina la capacidad de percibir?

En cada uno de nosotros hay una luz divina que es parte del uno y del todo, que por tanto sabe, ve y comprende. En el tema del conocimiento, podemos considerarla como nuestro maestro interior. Es a él a quien, recogiéndonos en nosotros mismos, debemos recurrir cotidianamente para absolver dudas e incertidumbres, para hacerle preguntas, para ahuyentar temores y angustias. Nadie como él sabe escuchar y nadie como él sabrá responder. Quizá las respuestas no siempre llegarán de inmediato o no siempre serán las esperadas, pero llegarán. Tal vez por vías indirectas y de modos sutiles, pero se nos responderá. El secreto está en saber esperar, observando y escuchando. Para que todo resulte más fácil, es condición esencial mantener una confianza y una paz interior que permitan el libre flujo de la energía. Con ella también desarrollaremos la percepción y el conocimiento.

### 17▪ El reiki generalmente se asocia con el término sanación. ¿Es entonces una especie de terapia? ¿Sirve para el alma y para el cuerpo?

Encasillar al reiki como terapia, dándole el significado común de este término, es inadecuado en cuanto que no corresponde a su esencia, a su significado más profundo.

De hecho, la energía no influye únicamente en la dimensión física, sino también en la mental, la emocional y la espiritual. Estas dimensiones, aun siendo diferentes, no están separadas e interactúan de tal forma que cada una es necesaria para las demás. Somos nosotros los que continuaremos sintiéndolas separadas hasta cuando tomemos conciencia de que somos un todo, tanto dentro como fuera de nosotros.

Es así, entonces, que el término "sanación" asume un valor completamente diferente: el de rescate del sentido, de recuperación de armonía con el universo, de trascendencia en la espiritualidad. Cuando esto ocurre, la primera en beneficiarse es, sin duda, el alma; pero, sabiendo que el bien del alma está estrechamente ligado a la salud física, se deriva también el beneficio del cuerpo.

En fin, vale la pena recordar que la energía reiki actúa también directamente sobre nuestro organismo a través de la armonía y el equilibrio de cada una de sus partes (argumento que trataremos más profusamente en seguida, cuando hablemos de los chakras); es en este sentido que se puede afirmar correctamente que los efectos del reiki son "terapéuticos", tanto para el alma como para el cuerpo.

## 18∎ ¿TODOS PUEDEN PRACTICAR REIKI?

Es como preguntar si todos pueden amar; así que la respuesta es: sí, lo pueden practicar sin restricciones. Sin embargo sería bueno hacer una precisión: así como no se puede amar por pasatiempo, tampoco se puede practicar reiki como diversión. Aclaremos, no es que existan obstáculos materiales para que esto pueda ocurrir, pero no sería éticamente correcto. Para usar una metáfora, es como si alguien fuera a la iglesia a charlar un poco con el vecino de banca. Mejor que se abstenga, hay otros momentos, otros lugares y otras maneras de pasar el tiempo. Lo mismo vale para el reiki que, aunque no es una religión en el sentido estricto de la palabra, se dirige a aquella parte del individuo impregnada de espiritualidad, de ideales, de sentimientos; por tanto, merece el mayor respeto.

## 19■ ¿TODOS PUEDEN RECIBIR ENERGÍA A TRAVÉS DEL REIKI?

Teóricamente, sí. Y no sólo las personas. Se puede dar energía a las plantas, a los animales, a las medicinas, al alimento, a los objetos. La energía sana equilibra, purifica, protege y bendice. El reiki es un rayo de amor vivificante que puede solicitarse en cualquier momento que se considere necesario. Es un contacto inmediato entre la energía y el solicitante. El único obstáculo para obtener sus beneficios puede constituirlo una mente anclada en la materialidad, que se opone y rechaza el contacto y la fusión con la energía universal: el hombre tiene libre albedrío para tomar sus decisiones y la energía las respeta.

Sin embargo, debemos subrayar que el reiki siempre se da por solicitud del interesado y jamás se impone, puesto que no tendría ningún efecto, por los motivos que se acaban de exponer. Esta imposición no tendría justificación alguna.

## 20■ ¿LOS EFECTOS DEL REIKI SON IGUALES PARA TODOS?

No, no lo son. Y esto se debe al hecho de que, aunque similares, los seres humanos son diferentes, como las hojas de un mismo árbol. ¿Han intentado alguna vez colocarlas una sobre otra? No hay dos iguales al punto de coincidir una con otra. Y la vida, se sabe, es bella precisamente por esa diversidad. Incluso los días que parecen siempre iguales en realidad no lo son, sólo parecen así cuando se omiten los elementos particulares que los hacen diferentes; es lo mismo con los hombres. La energía ayuda a cada uno según sus propias necesidades y en proporción a la capacidad de crecimiento de cada individuo. Hay a quienes les atrae más la espiritualidad y a otros menos, quienes tienen capacidad de introspección y quienes no, quienes están atentos a sus propios cambios interiores y quienes sólo los advierten y toman conciencia con el tiempo. Los individuos excesivamente racionales podrían descubrir que todo lo han tenido, de manera exagerada, bajo el control de la mente; por el contrario, quienes siempre han dejado campo libre a su fantasía podrían sentir la necesidad de desarrollar la racionalidad. Ésta es la verdadera fortaleza del reiki: la capacidad de equilibrar y armonizar.

## 21 ▪ ¿QUÉ BENEFICIOS RECIBE QUIEN DA ENERGÍA?

El beneficio está en canalizar la energía misma. En el momento en que nos declaramos canales, nos abandonamos a la fuerza creadora universal. Y en este abandono encontramos la alegría. Es como si el sol inundara cada rincón de nosotros llevando vida donde sea necesario. Cuando aceptamos ser instrumentos de tanta fuerza, la vida se vuelve brillante, porque en nosotros entra luz, y luz transmitimos a los demás: éste es el beneficio del reiki para quien da energía.

## 22 ▪ ¿Y QUIEN LA RECIBE?

Quien recibe energía reiki se siente amado y ayudado sin condición alguna. Y esto, en las situaciones normales de la vida cotidiana, no sucede con frecuencia. Incluso el amor de una madre puede estar condicionado en parte a si su hijo es o no afectuoso y obediente.

¿Desde cuándo el hombre practica una clase de amor verdaderamente independiente de cualquier expectativa de parte de quien debería dárselo? Cuando esto sucede, ocurre un momento "mágico", un momento en el que uno se siente amado por lo que es, con todas las limitaciones propias, con todos los temores e incertidumbres que llevamos dentro, con la energía que ayuda en lo necesario, a menudo haciendo discernir entre las cosas importantes y las superfluas, aportando amor y sabiduría, acercándose cada vez más a la verdad personal.

### 23■ ¿UNA MUJER EMBARAZADA PUEDE PRACTICAR REIKI?

La relación entre la madre y el hijo que lleva en el vientre es ya una relación de amor, que aun así no está exenta de posibles momentos de ansiedad e incertidumbre. Una mujer embarazada que se aplique reiki a sí misma puede encontrar la tranquilidad, el equilibrio y la armonía tan importantes para su condición. Además, recibir reiki en los últimos días antes del parto puede ser de ayuda, en cuanto facilita la relajación de las paredes pélvicas y alivia el trabajo de parto haciéndolo menos doloroso.

Entre quienes practican reiki es maravilloso cuando una mujer embarazada, sostenida por la energía, tiene un parto rápido y, en lo posible, relajado, con el consiguiente beneficio para el niño, que ve la luz con menos trauma. Con esta ayuda, el parto ocurre con una mayor espontaneidad y naturalidad, confiriendo a la madre y al recién nacido un estado de serenidad. Los testimonios recopilados al respecto son innumerables, y confirman las grandes y diversas posibilidades del reiki.

24■ ¿EL NIÑO QUE NACE DE UNA MADRE REIKI TENDRÁ NECESIDAD DE SER INICIADO EN ESTE ARTE?

Cuando tenga la edad suficiente y si acaso es su deseo, de todos modos necesitará ser iniciado; pues madre e hijo son dos criaturas diferentes, pero sobre todo dos almas diferentes. Además, es posible que al crecer el hijo no sienta la necesidad de practicar reiki.

Sin embargo —debe anotarse— los niños cuyos padres practiquen reiki, habiendo "respirado" en familia este fuerte mensaje de amor, están naturalmente predispuestos a seguir el ejemplo. Niños de ocho y nueve años pueden participar en el curso donde serán iniciados al reiki para poder practicarlo. Hace un tiempo admitimos una niña de diez años a un seminario nuestro, y fue una experiencia inolvidable, tanto por su participación como por la luz interior que parecía irradiar a su alrededor. Obviamente, no estamos en capacidad de decir si esto cambió su vida respecto a cómo hubiese sido de no haber participado. Pero podemos afirmar —al observarla hoy— que si esta experiencia fuera más generalizada entre los jóvenes, tendríamos, muy probablemente, un salto de calidad generacional caracterizado sobre todo por la presencia y el respeto de aquellos valores tan necesarios para la humanidad. Estos valores parecen olvidados casi por completo y sustituidos por otros que giran en torno a lo más efímero que el hombre pueda perseguir: la materialidad.

*Aquel que ha roto todo apego,*
*que no está fascinado por las ventajas*
*ni ofendido por el maltrato:*
*ese posee una sabiduría sólida.*

BHAGAVAD-GITA

*Cuando tu intelecto escape del mundo*
*de las ilusiones, te volverás indiferente*
*a las escrituras que conoces*
*y a las que te faltan por conocer.*

BHAGAVAD-GITA

## 25 ■ ¿CÓMO ES POSIBLE QUE HASTA UN NIÑO PUEDA PRACTICAR REIKI?

Los niños tienen mayores capacidades receptivas e intuitivas que los adultos, así como mayor fantasía y creatividad. Su hemisferio cerebral izquierdo, el dedicado a la racionalidad, todavía no ha tomado la delantera sobre el derecho, es decir, el más intuitivo, creativo y capaz de aproximarse a la comprensión de lo divino. Esto hace que sean "naturalmente" más propensos a adquirir los conceptos que constituyen la base del reiki, y que tengan la capacidad de ser canales energéticos.

Aunque no existen impedimentos específicos, para los adultos no es tan sencillo como para los niños, pues las experiencias vividas durante el crecimiento, en la cotidianidad familiar, escolar y social, pueden llevar a un desarrollo exacerbado de la racionalidad, del pensamiento analítico y del concepto de la conveniencia.

Además, para muchos adultos, todo lo que no es científicamente demostrable no es siquiera creíble o digno de interés. Con el pasar de los años, se pierde una buena parte de la capacidad de percepción sutil, sensorial y extrasensorial, y nuestros canales energéticos sufren una especie de obstrucción. Es cierto que se adquieren otras capacidades, sin duda también muy importantes, pero, ¿no sería mejor si se lograran conservar también las primeras, sin tener que recuperarlas de adultos para tener una vida menos estresada y más feliz?

Esta es una ventaja más, entonces, para aquellas personas que se acercan al reiki siendo jóvenes.

## 26■ ¿El reiki es útil también en el climaterio?

Sin duda alguna. Sobre todo si tomamos en consideración las tempestades hormonales que se desencadenan en ese periodo, el estrés psicológico generado por la sensación de decadencia física y la resistencia inconsciente frente a los cambios que modificarán profundamente el estilo de vida y la percepción del propio yo. Estas tensiones internas, además de provocar trastornos e inestabilidad psicológica, también pueden ser causa de enfermedades de diversos tipos. En este periodo, a menudo, el segundo chakra provoca alteraciones que se reflejan en el sexto, causando insomnio, dolor de cabeza y depresión.

Estamos convencidos, y tenemos numerosos testimonios, de que el reiki ayuda a superar los desequilibrios psicofísicos, incluso aquellos a nivel hormonal. Si se está en armonía consigo y con quienes lo rodean, la vida, a cualquier edad, siempre puede revelar sus bellezas.

## 27■ Cuando se habla de chakra, ¿a qué se refiere?

El significado literal del término chakra es "rueda". En reiki, denominamos chakra a esas ruedas o vórtices de energía presentes en el cuerpo humano. Vale la pena explicar este concepto.

Como ya dijimos, todo el universo está compuesto por energía en un continuo proceso de actividad y transformación. En nuestro cuerpo también está presente esta actividad de tomar y dar energía: esto ocurre a través de los chakras, que podemos imaginar como pequeños vórtices diseminados en diferentes partes del cuerpo.

Descubriremos en orden, aunque con extrema simplicidad, cuáles son las características de nuestro cuerpo.

Nuestro organismo está basado en un complejo sistema energético, indispensable para su funcionamiento. El sistema energético está constituido por tres estructuras principales: los cuerpos sutiles o cuerpos energéticos (el etéreo, el emocional o astral, el mental y el espiritual), los chakras o centros de energía y, finalmente, los nadi o canales energéticos.

Cada cuerpo energético posee características y frecuencias vibratorias específicas, desde el etéreo (el más cercano al cuerpo físico), que tiene frecuencias bajas, hasta el espiritual, cuyas frecuencias son más elevadas.

Los nadi pueden imaginarse como pequeñas venas que forman una verdadera retícula capaz de transportar el prana —es decir, la energía vital absorbida a través de los cuerpos sutiles— uniendo los chakras que, a su vez, funcionan como recolectores, transformadores y difusores de tal energía en beneficio de nuestro organismo.

Los textos tradicionales hablan de ochenta mil chakras; pero de estos cuarenta se consideran de cierta importancia, en tanto que los otros desarrollan una tarea circunscrita y limitada; al final, únicamente siete se definen como principales. Éstos se encuentran a lo largo de la médula espinal, presidiendo las diferentes funciones del cuerpo, de la mente y del espíritu. En consecuencia, cuando estos siete chakras principales no son armónicos ni están en equilibrio, normalmente por causa de nosotros mismos, el individuo sufre las consecuencias negativas sobre los ámbitos de competencia de cada chakra.

**28.** Tomando en consideración que el reiki actúa esencialmente armonizando los chakras, ¿cuáles son las principales características de cada uno de ellos?

El sistema de los siete chakras principales se conoce como "el puente del arco iris", haciendo referencia a ese fantástico fenómeno natural que parece unir con sus espléndidos colores la tierra y el cielo. De hecho, los chakras también vinculan nuestra parte material con la espiritual, y hay una correspondencia entre cada uno de ellos con los colores del arco iris.

La funcionalidad de los chakras está estrechamente ligada con la calidad de nuestra vida, con las necesidades de cada ser humano, y toda desarmonía en ellos repercute en nuestro equilibrio, tanto físico como psicológico. Así mismo, las dificultades de la vida, los disgustos, los sentimientos de culpa y otros factores, pueden afectar la armonía de su funcionamiento.

*Los siete chakras*

Partiendo de estos presupuestos, consideramos útil escribir brevemente sobre cada uno de los chakras, para que el lector entienda mejor los "mecanismos" sobre los cuales interviene la energía transmitida a través del reiki.

## PRIMER CHAKRA

Su nombre es Muladhara o "centro de la raíz". Está situado en la zona coccígea o, visto desde el interior del cuerpo humano, en la zona del perineo.

La función que preside es la de la supervivencia y, por tanto, la de la autoconservación.

El objetivo es que, con su funcionamiento, cada individuo busque la tranquilidad personal mediante la salud física y la solvencia económica. Está directamente relacionado con los derechos de cada uno a existir y poseer.

Este chakra está ligado al elemento tierra y necesita estabilidad y nutrición. Cuando éstas faltan, y en consecuencia el individuo es presa del miedo, sufre traumas que pueden provocar disfunción ya sea por defecto o por exceso. Las consecuencias de una disfuncionalidad por defecto son: inseguridad, miedo, inquietud, indisciplina, dependencias de diferente naturaleza; en cambio aquellas por exceso son: materialismo exacerbado, codicia, pereza, monotonía, deseo de posesión.

En el plano físico, el mal funcionamiento acarrea trastornos motores, en piernas, rodillas y pies, de la columna vertebral, de la parte final del intestino, de los riñones, el ano y la vejiga.

Las glándulas vinculadas con el primer chakra son las suprarrenales. Su color es el rojo.

## Segundo chakra

Su nombre es Svadhisthana o "dulzura absoluta". Se encuentra en el bajo vientre un poco arriba de los genitales, a la altura de la zona lumbar.

Su función es permitir saborear los placeres de la vida a través de los sentidos y la autogratificación; está directamente conectado con la sensualidad y todas las emociones derivadas de las percepciones sensoriales.

Con su funcionamiento las personas experimentan el placer de dar y recibir, fluida y espontáneamente.

Los derechos humanos correspondientes son los de sentir, desear y descubrir.

Su elemento es el agua, que discurre impregnando la tierra que atraviesa en su camino hacia el mar.

Los sentimientos de culpa, justificados o no, son la causa de sus desequilibrios por exceso o por defecto. Las consecuencias por exceso son: dependencias de diferente naturaleza, pero sobre todo sexual, búsqueda constante de placeres y una excesiva emotividad. Por defecto, en cambio, tenemos: bloqueos emocionales por miedo al placer, que pueden degenerar en impotencia o frigidez, una fuerte rigidez en las posiciones que se asumen en la vida, además de una constante desconfianza, una postura casi permanente de defensa frente al prójimo y a las emociones en general, que pueden limitar en gran medida las relaciones en el ámbito social.

Las partes del cuerpo afectadas son: el nervio ciático, los ovarios, el útero, los testículos y la próstata. Esto acarreará disfunciones ligadas con el aparato genitourinario y biliar, además de trastornos en la zona lumbar o pélvica.

Las glándulas interesadas por el segundo chakra son las gónadas. Su color es el anaranjado.

## TERCER CHAKRA

El nombre del tercer chakra es Manipura o "joya resplandeciente". Está sobre el plexo solar a la altura del diafragma.

Su función se relaciona con el ejercicio de la fuerza, la voluntad y el poder para actuar en la sociedad y el mundo de manera autónoma, con el objetivo de la propia realización y de alcanzar las metas que la vida propone. El derecho correspondiente es el de obrar.

Es el chakra de la vitalidad y su elemento es el fuego, símbolo de fuerza.

La armonía del tercer chakra se ve comprometida por el sentimiento de la vergüenza, entendida en el sentido lato, en cuanto a que es un obstáculo insuperable para demostrar autoestima, que es la base de la autorrealización.

El desequilibrio por exceso provoca hiperactividad, arrogancia, agresividad, deseo de poder, de prevalecer sobre los demás, un ego muy fuerte que genera presunción y obstinación.

Por defecto tenemos en cambio una voluntad débil, sensación de inferioridad, negligencia, miedo a la vida debido a la carencia de autoestima y a la incapacidad de realizar cualquier proyecto; lo cual provoca pasividad y desconfianza.

Las partes corporales interesadas son el hígado, considerado por los antiguos la sede del valor, la vesícula, el bazo, el estómago, el duodeno, el colon transverso y el intestino delgado. Las disfunciones son trastornos digestivos, cálculos, enfermedades hepáticas y afecciones pancreáticas, úlcera, hipoglicemia, diabetes, espasmos musculares, hipertensión y fatiga crónica.

La glándula vinculada con el tercer chakra es el páncreas. Su color es el amarillo.

## CUARTO CHAKRA

En el sistema, el cuarto chakra —Anahata o "no golpeado"— es el central, el que pone en contacto los tres inferiores (materialidad) con los tres superiores (espiritualidad): es el chakra del corazón. Está situado en el plexo cardiaco, en la zona entre los pezones; visto desde atrás, está en medio de los omoplatos.

Preside las relaciones humanas bajo la óptica del amor, frente a sí mismo y a los demás.

El objetivo de su funcionamiento es expresar amor, compasión, practicar la aceptación y la autoaceptación.

Con él se relaciona el derecho de amar y ser amados.

Está vinculado con el elemento aire que, metafóricamente, permite al amor liberarse y expandirse en todas las direcciones.

El sufrimiento, entendido como dolor psíquico, es la causa de sus desequilibrios. Siendo el chakra central, su desequilibrio tiene graves consecuencias sobre todo el sistema.

Un desequilibrio por exceso genera celos, apego, un exagerado espíritu de sacrificio, límites inciertos, dependencia en las relaciones, deseo de posesión, exigencias excesivas. Quien sufre desequilibrio por defecto puede ser deprimido, antisocial, un juez severo y continuo de sí mismo y de los demás, narcisista, intolerante y huye de la intimidad.

Las partes del cuerpo sobre las cuales influye son el corazón, los bronquios y el aparato respiratorio en general, el nervio vago y, muy importante, el sistema inmunológico. Esto conlleva disfunciones cardiacas, afecciones pulmonares, problemas en los senos y los brazos, dificultades respiratorias y circulatorias, asma, tensión entre los omoplatos, dolores en el pecho, enfermedades de la piel y deficiencia inmunológica.

La glándula conexa es el timo. Su color es el verde o el rosa.

## QUINTO CHAKRA

Su nombre es Vishuddha o "purificación". Está ubicado en la garganta, a la altura de la faringe.

Preside la comunicación, la inspiración y la intuición, el acceso a los niveles más sutiles del propio ser para que pueda manifestar su creatividad, expresividad e independencia. El quinto chakra permite expresar y comunicar las necesidades del propio ser. Esto depende de la capacidad individual de decir y escuchar la verdad, algo que evita cualquier fingimiento, cualquier truco al cual recurrimos con frecuencia para enmascarar, cubrir o esquivar una realidad que no se quiere aceptar. No es entonces casual que sea la falsedad, en el sentido lato, la que provoque los mayores daños y que su elemento sea el sonido.

Su desequilibrio por exceso tiene como señales la verborrea, la incapacidad de escuchar —no solo metafóricamente— a los demás y a sí mismo, y un tono de voz dominante; su carencia se manifiesta, en cambio, a través de un mutismo más o menos acentuado, en la incapacidad de expresar verbalmente los propios estados de ánimo, sentimientos y puntos de vista, propios de un comportamiento tímido e introvertido.

Los órganos físicos interesados son aquellos conectados con la producción de la voz: garganta, laringe, cuerdas vocales, amígdalas, esófago y bronquios. En consecuencia, las enfermedades más comunes ligadas a un mal funcionamiento de este chakra serán aquellas asociadas a la garganta y las orejas, además —considerado su significado: purificación— las intoxicaciones y los envenenamientos.

Las glándulas vinculadas son tiroides y paratiroides. Su color es el azul claro.

## Sexto chakra

Su nombre es Ajna o "percepción". Está situado en la frente, entre las cejas, de lo cual deriva la denominación de "tercer ojo". Está considerado como el centro de comando.

Su tarea es presidir la autorreflexión y propicia la intuición, el conocimiento, la capacidad de pensamiento, de imaginación y de visualización.

Soporta el derecho de ver y conocer, permitiendo la evolución personal a través de la conciencia del propio ser. Por eso las ilusiones impiden el funcionamiento óptimo. Coherentemente, su elemento no puede ser otro que la luz.

Su desequilibrio por exceso provoca la facilidad para ilusionarse, estados de alucinación, fijaciones, pesadillas y obsesiones, como también dificultad de concentración y de memorización; por defecto ocasiona dificultad para imaginar o visualizar, no querer ver la realidad, rígidos esquemas mentales, que impiden encontrar soluciones, y carencia de sensibilidad.

Las partes del organismo relacionadas son las partes inferiores del cerebro, los ojos y la nariz. Por tanto, los trastornos más recurrentes pueden ser dolor de cabeza, estrés y defectos de la visión.

La glándula vinculada es la pituitaria. Su color es el añil.

## SÉPTIMO CHAKRA

El chakra de la corona o Sahasrara, es el chakra de los "mil pétalos". Situado en la cima del cráneo, en correspondencia con la corteza cerebral, representa la vinculación entre el alma individual y la universal, es decir, entre el hombre y Dios, como realización de la suprema bondad.

Su dominio es la conciencia; su fin, el conocimiento; su objetivo final, la sabiduría, que busca la superación de la polaridad

| CHAKRA | PRIMERO | SEGUNDO | TERCERO | CUARTO | QUINTO | SEXTO | SÉPTIMO |
|---|---|---|---|---|---|---|---|
| NOMBRE (SIGNIFICADO) | Muladhara (centro de la raíz) | Svadhisthana (dulzura absoluta) | Manipura (joya resplandeciente) | Anahata (no golpeado, todo) | Vishuddha (purificación) | Ajna (percepción) | Sahasrara (mil pétalos) |
| POSICIÓN | Base de la columna vertebral | Abdomen, arriba de los genitales | Plexo solar | Zona cardiaca | Garganta | Sobre la frente, entre las cejas | Cima de la cabeza |
| DOMINIO | Supervivencia | Emociones, sensualidad | Voluntad, fuerza | Amor, relación con los demás | Comunicación, creatividad | Intuición, conocimiento | Conciencia |
| VINCULACIÓN CON EL PROPIO SER | Autoconservación | Autogratificación | Autorrealización | Autoaceptación | Comunicación, creación | Autorreflexión | Autoconciencia |
| DERECHOS | Existir, tener | Sentir, querer | Obrar | Dar y recibir amor | Expresarse | Ver, conocer | Saber, comprender |
| ELEMENTO | Tierra | Agua | Fuego | Aire | Éter o sonido | Luz | Pensamiento |
| SÍNTOMAS DE DESEQUILIBRIO POR EXCESO | Sensación de pesadez, pereza mental, aburrimiento, obesidad, avidez, materialidad | Fuerte emotividad, inseguridad, excesos sexuales, apego fuerte | Sed de poder, hipercrítica, agresividad, hiperactividad, fragmentación | Dependencia de los demás, incertidumbre en las relaciones, deseo de posesión, celos | Verborrea, presunción, encerramiento en sí mismo, comunicación ineficaz | Dolor de cabeza, alucinaciones, distracción, excesiva racionalidad | Exaltación mística, disociación |
| SÍNTOMAS DE DESEQUILIBRIO POR DEFECTO | Temores continuos, carencia de rigor, inquietud, delgadez, dependencias | Indiferencia por la sexualidad, impotencia, escasa emotividad, rigidez mental, temor al placer | Miedo, pasividad, negligencia, superficialidad, baja autoestima, poca voluntad | Timidez, sensación de soledad, pesimismo, indiferencia | Mutismo, reticencia, inseguridades y bloqueos expresivos | Visión limitada, poca memoria, terquedad, materialismo, confusión mental | Incertidumbre, sensación de inutilidad, vacío interior, miedo a la muerte |
| COLOR | Rojo | Anaranjado | Amarillo | Verde o rosa | Azul claro | Añil | Violeta, blanco o dorado |

y la realización de la unidad. Este chakra es el que permite la comprensión universal y la trascendencia.

Orientado a la autoconciencia, se basa en el derecho de conocer y de aprender. Un chakra de características tan elevadas no podía tener otro elemento que el pensamiento.

Aquello que compromete la armonía y equilibrio de este chakra es lo que comúnmente se define como "apego". Entonces, cualquier vínculo excesivo con personas o cosas, cualquier dependencia de bienes materiales o fanatismos religiosos, representan graves perturbaciones que impiden al Sahasrara tener un funcionamiento armónico.

Su carencia implica materialismo, codicia, avaricia, cinismo, apatía espiritual, incapacidad de comprensión; su exceso, en cambio, disociación del propio cuerpo, alucinaciones, hiperintelectualidad, obsesiones religiosas.

Físicamente, está vinculado con las partes superiores del cerebro y, por tanto, cualquier trastorno o patología se refiere a éste. Citamos a manera de ejemplo la epilepsia, la esquizofrenia, la amnesia, la locura, las obsesiones compulsivas, etc.

Su glándula de referencia es la pineal o hipófisis. Su color es el violeta, el blanco o el dorado.

29∎ ¿Cómo se interviene sobre los chakras con el reiki y cuál es su efecto?

La simple imposición de las manos, sobre zonas del cuerpo diferentes y específicas, permite intervenir sobre el funcionamiento de los chakras a través de la transmisión de energía.

Los tratamientos posibles con el reiki son diversos, pero el denominado "base" o "completo" constituye el tratamiento obligado en cuanto trabaja de manera específica y separada, siguiendo además una secuencia establecida, todos los chakras.

Es importante que cada tratamiento —ya sea completo, rápido o autotratamiento— sea precedido por lo que se denomina centralización del corazón, de lo cual hablaremos más adelante.

El tratamiento completo se lleva a cabo con el sujeto acostado, comprende once imposiciones de las manos sobre la parte anterior del cuerpo y siete sobre la parte posterior, y su duración es de cerca de una hora y cuarto. El ambiente en el que se realiza debe ser tranquilo, sin ruidos molestos, con una temperatura ni demasiado cálida ni demasiado fría, y se deben favorecer el recogimiento y la concentración escuchando piezas musicales adecuadas y quemando varitas de esencias. También en este caso consideramos útil describir, aun de manera sumaria, cada una de las imposiciones y su finalidad.

Imposición anterior 1

Las manos, cercanas entre sí, se colocan sobre la frente y los ojos del receptor, quien está acostado boca arriba. El operador se encuentra detrás de su cabeza. Así se trata el sexto chakra, interviniendo sobre las glándulas del sistema endocrino y sobre parte del sistema nervioso. Ayuda en caso de agotamiento, estrés, alergias, resfriados, jaquecas, problemas de visión. En la esfera psicológica, propicia la capacidad de introspección, la intuición, el desarrollo de las energías mentales, la claridad interior y el contacto con el propio ser.

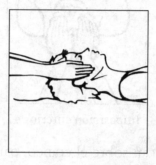

Imposición anterior 2

Las manos a los lados de la cabeza, sobre las sienes. Ayuda a equilibrar los dos hemisferios del cerebro. Útil en casos de vértigo (laberintitis), confusión mental y dificultad de concentración.

Imposición anterior 3

Las manos debajo de la cabeza. La imposición en esta área, atravesada por los meridianos de la vejiga, de la vesícula y del intestino grueso, es muy importante para la digestión y los dolores localizados en el bajo vientre. Está además vinculada con los problemas circulatorios. Tratar este punto es de gran ayuda en casos de vómito y de tensión nerviosa, además influye positivamente sobre las áreas del cerebro relacionadas con la vista y el oído.

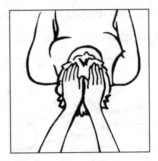

Imposición anterior 4

Las manos se colocan sobre el cráneo, para tratar el séptimo chakra. La energía que se trasmite en este punto es de ayuda en casos de tumores, esquizofrenia, coma, amnesia y epilepsia. Permite equilibrar los excesos de los chakras inferiores. En los aspectos espirituales, activa la conexión con lo divino y la conciencia universal. Combate la obsesión del fanatismo religioso y el excesivo apego a los bienes materiales. En fin, ayuda a tener un sentido de unidad en la vida.

Imposición anterior 5

Con las manos en la garganta se trata el quinto chakra. Ayuda en las disfunciones de la glándula tiroidea y todas las problemáticas inherentes a la garganta, la laringe, los nodos linfáticos, las amígdalas, los estados de ansiedad, la presión arterial, los tumores y las cuerdas vocales. Desde el punto de vista psicológico, es útil en los trastornos conexos con la comunicación, excesiva o carente, en la timidez y la introversión, la agresividad verbal, la incapacidad de escuchar las necesidades de los demás y, fundamentalmente, las propias.

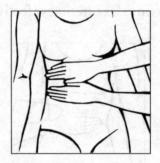

Imposición *anterior* 6

A partir de esta imposición, hasta que se le haga girar para quedar acostado boca abajo, el receptor tendrá al operador a un lado. Con las manos a la altura del hígado, ayuda en los casos de hepatitis, intoxicación, cálculos y afecciones de la vesícula. Equilibra y reduce las emociones negativas, como venganza, rencor, envidia, celos, que hacen daño al sistema hepático.

Imposición *anterior* 7

Con la imposicion anterior 7 se trata el bazo y se beneficia también parte del intestino. Un bazo debilitado predispone a las enfermedades infecciosas. Su debilitamiento ocurre por abuso de alcohol, cigarrillo o sustancias estupefacientes, o por alimentación incorrecta o excesiva. En el aspecto psicológico, ayuda a superar las dificultades derivadas de los factores emocionales externos, como las carencias afectivas.

*Imposición anterior 8*

Con las manos sobre el estómago, en la zona del tercer chakra, se afrontan los problemas conexos con las gastropatías y las disfunciones degenerativas del páncreas. Úlceras, diabetes, tumores, fatiga crónica, dolor de estómago, dificultades digestivas, pueden encontrar solución con este tratamiento. Permite afrontar de manera positiva la sensación de vergüenza derivada de carencia de autoestima y autodisciplina o de una voluntad débil. Es también eficaz en los casos de arrogancia, de excesiva obstinación y de agresividad.

En la siguiente imposición se trata el segundo chakra y las manos están sobre la zona del bajo vientre. Las problemáticas interesadas son las concernientes a los órganos reproductores

*Imposición anterior 9*

en general, como fibrosis, quistes ováricos, problemas de próstata, etc. Es útil en el climaterio, un periodo caracterizado por
notables cambios hormonales, pero también en caso de ameno-
rrea o dolores por dismenorrea. Más allá de los aspectos físicos, es eficaz para alentar las relaciones con individuos del sexo
opuesto y el entusiasmo por la vida misma.

*Imposición anterior 10*

Las manos se colocan formando una V con el vértice abajo, sobre la zona inguinal. Se trata el primer chakra. Se aconseja apli-
carla en caso de problemas conexos con las partes sólidas del
cuerpo, como por ejemplo los huesos y los dientes, para los dolores de la columna, dificultades de movimiento y en las que están involucrados los riñones, la vejiga y la parte terminal del
intestino. Debido a que el miedo desequilibra este chakra, el

tratamiento infunde valor, mejora la capacidad de relajarse para recuperar la seguridad restituyendo la confianza en la vida.

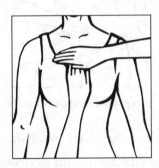

*Imposición anterior 11*

Esta es la última imposición sobre la parte anterior del cuerpo. Trata el cuarto chakra, el del corazón, con las manos formando una T sobre el plexo cardiaco. En este caso se involucran pulmones, corazón, bronquios, sistema circulatorio, piel, glándula timo, brazos y manos. Este chakra, como ya vimos, es el punto de contacto y fusión entre los chakras superiores y los inferiores (energía del cielo y de la tierra), y determina el equilibrio de todo el sistema energético. No es entonces casual que la desarmonía en el chakra del corazón provoque descompensaciones tanto a nivel psíquico como físico. Los problemas físicos dependientes de este chakra, y que por tanto pueden mejorarse con el tratamiento, son los relativos a los sistemas circulatorio, linfático e inmunológico, a los pulmones, al asma, los tumores mamarios, eczemas y otras afecciones dermatológicas, así como dolores en brazos y manos. Desde el punto de vista psicológico ayuda en los problemas como incapacidad de dar y/o recibir amor, soledad, frialdad, ironía, dificultades en las relaciones afectivas, dependencia en las relaciones y sacrificio exacerbado.

Después de realizar la imposición anterior 11, pasamos, ahora, a la parte posterior del cuerpo. Ésta se tratará luego de haber hecho girar al receptor hasta quedar boca abajo.

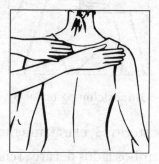

*Imposición posterior 1*

Las manos se colocan sobre la parte alta de la espalda: es aquí donde se concentra y se acumula el estrés por responsabilidad. Los músculos de la espalda y de la nuca se tensan y ponen rígidos hasta provocar dolor y jaqueca. El tratamiento permite la relajación y la tensión se modera produciendo alivio.

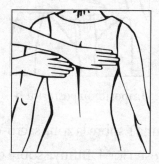

*Imposición posterior 2*

Las manos en la parte baja de los omoplatos: ayuda en caso de problemas pulmonares o cardiacos. A nivel psicológico actúa sobre la carencia o exacerbación de los sentimientos en la esfera afectiva.

Imposición posterior 3

En la imposición posterior 3, el tratamiento se efectúa, al mismo tiempo, sobre ambos lados del área renal: en esta posición se trabaja sobre los riñones y las glándulas suprarrenales, ayuda a superar momentos de miedo, dificultades psicológicas y a afrontar situaciones potencialmente riesgosas.

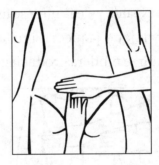

Imposición posterior 4

Las manos forman una T sobre la zona sacro-coccígea para realizar la imposición posterior 4. Influye sobre el primero y segundo chakra, y potenciará los efectos esperados del tratamiento anterior en estos dos chakras.

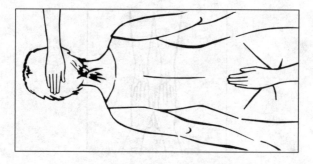

*Imposición posterior 5*

Esta es una imposición especial, que se ha definido como de "alineación". Con esta imposición se busca armonizar el tránsito de la energía desde el primero hasta el sexto chakra. Se realiza colocando una mano sobre la zona sacra y la otra sobre la zona occipital, como se ve en la figura, creando de este modo un "puente" que une los dos extremos.

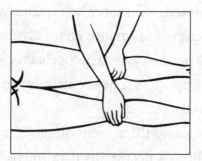

*Imposición posterior 6*

Es el turno de la parte posterior de las rodillas, en las corvas, sobre las cuales se posarán las manos al mismo tiempo. Aliviará molestias en las articulaciones de las piernas y la pelvis. Puede reforzarse, de ser necesario, con una imposición adicional sobre las pantorrillas. Ayudará, además, a aliviar los problemas relacionados con el primer chakra.

*Imposición posterior 7*

Las manos se colocan sobre las plantas de los pies. Esta imposición es importante porque relaciona todos los órganos del cuerpo, cuyos meridianos están presentes aquí. Esta zona es, además, un punto de acceso de la energía de la tierra que se canaliza hacia lo alto, por tanto, su tratamiento mejorará la asimilación de esta energía a nivel físico y psicológico.

Luego de esta descripción sobre las características y beneficios de la imposición de las manos en los diversos puntos del cuerpo relacionados con el sistema de los chakras, se puede comprender mejor la importancia que se atribuye en el reiki al flujo armónico de la energía.

Transmitir energía significa, esencialmente, mantener o restablecer los equilibrios necesarios para interactuar positivamente con los demás y vivir la experiencia cotidiana con una actitud de crecimiento en los planos físico, mental o espiritual. De hecho, cada suceso de la vida involucra tales planos e implica una posible alteración de nuestro equilibrio. En el momento mismo de la experiencia, el reiki nos hace conscientes de cuanto sucede dentro y fuera de nosotros, ayudándonos a mantener el centro de nuestro equilibrio y a captar la esencia de nuestra verdad interior. No será fácil, pero un trabajo constante en tal dirección nos ayudará a mantener la mente y el cuerpo sanos, convirtiéndolos también en instrumentos válidos para manifestar las capacidades de nuestro ser en esta vida.

## 30■ ¿Hay varios tipos de tratamiento?

Sí, hay tres tipos diferentes. El primero es el de base o completo, que ya expusimos en sus aspectos esenciales, el segundo se considera el tratamiento rápido y el tercero el autotratamiento.

## 31■ ¿Cuáles son las características del tratamiento rápido?

El tratamiento rápido se define de tal modo por cuanto se diferencia del completo, no tanto por los efectos sino por la manera de aplicarse.

En el tratamiento completo, el receptor está tendido sobre una camilla —u otro soporte idóneo— y recibe la energía a través de las dieciocho imposiciones descritas anteriormente; lo cual implica dedicarle mayor tiempo, considerando que cada posición se mantiene por lo menos tres minutos: en total más de una hora.

En el tratamiento rápido, en cambio, el receptor puede estar simplemente sentado sobre una silla o un taburete, por cuanto las imposiciones de las manos atenderán al mismo tiempo la parte frontal y posterior del receptor. Se partirá del séptimo chakra, sobre la cima del cráneo, para descender cada tres minutos hasta la zona pélvico-sacra. De tal modo se logrará un flujo de energía más concentrado sobre los chakras, con un tiempo total menor (aproximadamente veinticinco minutos) y una eficacia similar a la del tratamiento completo.

Pero el tratamiento completo tiene una ventaja innegable: por su mayor duración le permite al receptor relajarse más, estar más cómodo y recibir de manera apacible la energía. El tratamiento rápido es como un latigazo de energía que alcanza los objetivos propuestos cuando no hay tiempo disponible o infraestructura adecuada para el tratamiento completo.

## 32■ ¿En qué consiste el autotratamiento?

En el autotratamiento quien da energía y quien la recibe coinciden en la misma persona. En otras palabras, se da energía a sí mismo. Es un potente instrumento de autocuración y de crecimiento interior.

Durante este tratamiento, las dos manos se posan sobre la parte anterior del cuerpo, partiendo siempre del séptimo chakra para luego descender cada tres minutos (pero nada impide que, si se considera oportuno, el periodo pueda ser más largo) hasta el primero.

En reiki, el autotratamiento se considera la práctica más importante para cuidar de nosotros mismos, para purificarnos y mantener una buena salud física y mental. El autotratamiento puede asimilarse, en ciertos aspectos, a la meditación. De hecho, durante su desarrollo nos concentramos en nosotros mismos, abiertos a los mensajes provenientes de nuestro interior: es un momento de verdad, de unión con la conciencia universal de la cual somos parte. Es frecuente que durante el autotratamiento afloren indicios, si no directamente respuestas, sobre conflictos hasta ahora no resueltos. Y esto ocurre con mayor facilidad si el autotratamiento se practica constantemente, con atención y concentración sobre el significado profundo y amplio de cada punto energético a tratar.

Para no distraernos con otros pensamientos, para esforzarnos con una mayor atención, así como para captar en toda su plenitud el significado universal de cada chakra, aconsejamos pronunciar de vez en cuando algunas afirmaciones que estimularán la toma de conciencia y el crecimiento interior. Aquí las proponemos a continuación:

- Séptimo chakra, manos sobre la cima de la cabeza:
  **Yo soy parte del Todo.**

- Sexto chakra, manos cubriendo los ojos y las cejas:
  **Yo soy intuición y sabiduría.**

- Quinto chakra, manos rodeando la garganta:
  **Yo expreso mi creatividad y escucho mi voz interior.**

- Cuarto chakra, manos sobrepuestas a la altura del corazón:
  **Yo soy amor.**

- Tercer chakra, manos sobrepuestas sobre el plexo solar:
  **Yo realizo mi propio ser en la vida.**

- Segundo chakra, manos sobrepuestas sobre el abdomen:
  **Comparto con alegría la experiencia de dar y de recibir.**

- Primer chakra, manos en V sobre la zona púbica:
  **Yo vivo la vida con valor.**

No os preocupéis por el mañana.
El mañana se preocupará de sí mismo.
Cada día tiene su afán.

EVANGELIO SEGÚN SAN MATEO


Vosotros sois la luz del mundo.
No se enciende una vela
para colocarla bajo el moyo
sino sobre un candelabro
a fin de que brille para todos.

EVANGELIO SEGÚN SAN MATEO

## 33■ ¿Hay entonces una secuencia obligada?

Sería correcto decir afectuosamente aconsejada. De hecho, nada sucedería si la secuencia se cambiara, pero consideramos que si se sigue la expuesta anteriormente se obtiene la máxima eficacia.

Luego de efectuar la centralización del corazón, es importante iniciar siempre por la cabeza, ya sea en el tratamiento completo, en el rápido o en el autotratamiento. En el tratamiento completo se termina en los pies, pero en el tratamiento rápido y en el autotratamiento se termina con el primer chakra. Esto es lo que nos transmitió la escuela de Mikao Usui. La energía vital del universo descenderá sobre nosotros y fluirá como una purificación, como una lluvia dorada que disolverá la escoria de nuestras penas, proporcionando vitalidad y esplendor en las zonas débiles y oscuras de nuestro cuerpo y nuestra mente, despertando el alma del entumecimiento.

## 34■ ¿Por qué es importante la centralización del corazón y qué sucede si no se realiza?

La centralización del corazón, en el tratamiento reiki, equivale a conectar la clavija a la red eléctrica cuando se quiere escuchar la radio. "Centrar el corazón" quiere decir brindarse, pedir, sentir. Brindarse con humildad para ser instrumentos (clavija), pedir al universo que dé su energía (corriente eléctrica), sentir a través de nuestras manos la energía que fluye en quien la recibe (radio). La centralización del corazón, además, sirve para ahuyentar todo pensamiento diferente al amor y la armonía, ponerse en sintonía con el amor universal, y crear una especie de protección en torno a nosotros. Todo esto se obtendrá con la pureza de los sentimientos, la total carencia de expectativas y cualquier forma de juicio, el dejar fluir la corriente vital "escuchando" sin interferir en modo alguno.

### 35■ ¿ES POSIBLE TRATAR PARTES DEL CUERPO DIFERENTES A LAS ZONAS DONDE ESTÁN SITUADOS LOS CHAKRAS?

Ciertamente, como en el caso de partes del cuerpo que presenten problemas específicos. Luego de haber tratado cada uno de los chakras durante los tres minutos establecidos, se colocan las manos sobre la parte que tenga necesidad de una curación particular, dando energía, por lo menos, durante diez minutos. En algunas circunstancias, tal tratamiento podrá repetirse más veces, ya sea ese mismo día o en los siguientes.

### 36■ ¿SÓLO SE PUEDE DAR REIKI A LAS PERSONAS?

No, se le puede dar a todo. Es más, sería un hábito excelente dar reiki al alimento antes de consumirlo, a las medicinas antes de tomarlas, a las plantas y flores de nuestro jardín, a los objetos que nos regalan, así como sería útil darlo a los animales cuando están enfermos.

Dar reiki significa imprimir en la memoria energética de cualquier cosa, viviente o no, una vibración de amor. Entre más fieles seamos a este concepto, más progresaremos en el camino de la evolución y el crecimiento con conciencia y conocimiento, pues nosotros —y todas las cosas— hacemos parte del mismo proyecto universal impregnado de amor y de armonía. Practicar reiki significa sentirse parte de esta unidad.

## 37 ■ ¿QUÉ SUCEDE SI, EN UN TRATAMIENTO SOBRE SÍ MISMO O SOBRE OTROS, SE PIERDE LA CONCENTRACIÓN?

Nada en particular. No hay motivo para dejarse llevar por la ansiedad, pero será necesario recuperar la concentración para restaurar el flujo armónico de la energía. Una buena técnica, especialmente para quien tiene una mente inquieta, es la de seguir la propia respiración o, para quien tenga buena capacidad de visualización, "ver" con los ojos de la mente un rayo de luz que entra en nosotros desde el séptimo chakra y fluye sobre nosotros o sobre el receptor desde nuestras manos.

## 38 ■ ¿UN TRATAMIENTO PUEDE INTERRUMPIRSE Y RETOMARSE EN SEGUIDA?

Si el tratamiento se interrumpe, será necesario volver a comenzar desde el principio. Es decir, empezar por retomar contacto con el propio ser mediante la centralización del corazón, para vincularse nuevamente a la energía universal.

## 39 ■ ¿HAY DIFERENCIA ENTRE UN TRATAMIENTO CONDUCIDO POR UNA SOLA PERSONA Y POR VARIAS PERSONAS AL MISMO TIEMPO?

Es posible que la haya y, en tal caso, estará relacionada con las características de quien lo recibe. Algunos son más receptivos, por tanto más "abiertos", si el tratamiento se efectúa por una sola persona: aquella en quien más confían. Otros no tienen dificultad alguna en recibir también de más personas al mismo tiempo.

Estas diferencias individuales están ligadas a la sintonía que exista entre quien da y quien recibe; la fluidez y eficacia de la energía es proporcional a la sintonía entre ambos. Pero los mejores resultados se obtienen cuando, tanto receptor como donante o donantes, se abandonan completamente al discurrir de la energía. Eso ocurre más fácilmente en grupos de intercambio, en los cuales el receptor es uno de los integrantes del grupo mismo, mientras los demás son donantes.

## 40▪ ¿QUÉ ES UN GRUPO DE INTERCAMBIO?

Un grupo de intercambio está constituido por varias personas que periódicamente se reúnen para practicar reiki donándose energía recíprocamente. Es además una gran oportunidad para quien, habiéndose iniciado en el reiki, no tiene aún a quien dar y de quien recibir reiki en el ámbito de la familia o de las amistades.

La práctica del intercambio es muy importante por el significado de unión, armonía y hermandad. Es una fiesta para el alma, que encuentra otras con las mismas características y los mismos objetivos, pero también es un encuentro de "sanación" porque, como ya lo vimos, ésta no es más que la armonización del espíritu, el cuerpo y la mente. Recibir junto a los demás el manantial divino de la vida es, sobre todo, compartir la experiencia de la vida misma y representa el amor recíproco en un recorrido de crecimiento que tiene como meta la evolución de la conciencia planetaria. Ademas, el alma cumple su misión y satisface su deseo cuando puede expresar su vocación de amor. He ahí la finalidad de un grupo de intercambio reiki.

41 ■ ¿TIENE IMPORTANCIA SI ENTRE LA PERSONA SOMETIDA A TRATAMIENTO Y QUIEN LA TRATA HAY MALA RELACIÓN O SIMPLE ANTIPATÍA?

Naturalmente que sí, aunque parece difícil pensar que quien se somete a un tratamiento lo solicite a una persona que no es de su completo agrado. Cuando hay sensaciones de antipatía, falta de confianza, intranquilidad, no puede ocurrir la interacción con eficacia y, por tal motivo, sería mejor evitarla, respetando el libre albedrío, tanto de quien da como de quien recibe.

42 ■ SI LOS MIEMBROS DE UNA PAREJA PRACTICAN REIKI, ¿ES MÁS FUERTE LA TRANSMISIÓN DE ENERGÍA?

A menos que uno de los dos haya emprendido este camino sólo para complacer al otro, y por tanto sin ningún valor real, parecería evidente que fuera una condición privilegiada, porque están de acuerdo sobre una búsqueda que los une tanto en el plano humano como en el del espíritu. Cuando tal cosa ocurre, la vida de una pareja asume un significado y hace propia una visión ética distinta y mucho más profunda de la común.

En el reiki, esta unión podrá afinar cada vez más la propia sensibilidad y comprensión de qué tan importante es vivir conjuntamente este continuo acto de amor. En este clima, el intercambio reiki se convierte en una emoción que estrecha los lazos y lleva a la pareja a un elevado nivel de armonía y gratitud recíproca.

## 43. ¿CÓMO PODEMOS CONCILIAR NUESTRA PARTE MATERIAL CON LA ESPIRITUAL?

Para explicarlo podemos referirnos al antiguo símbolo del cuarto chakra, el del corazón, representado con dos triángulos equiláteros, con las respectivas bases opuestas entre sí, que se sobreponen entrecruzándose en el interior de un círculo, contorneado por doce pétalos.

El del vértice abajo representa la energía del cielo que desciende hacia la materia, y el otro, la energía de la materia que sube hacia el cielo. En el centro de los triángulos sobrepuestos y del círculo, símbolo de perfección, se realiza la creación, la más alta expresión del amor. Las dos energías se necesitan mutuamente, se atraen constantemente y todas las cosas de la naturaleza se derivan de estas energías.

Para responder con mayor claridad a la pregunta, daremos el ejemplo de un árbol. Su semilla necesitó la oscuridad de la tierra y todas sus sustancias nutritivas para poder salir a la luz, desarrollarse y crecer hacia el cielo. El desarrollo del tronco y el follaje es acompañado de un desarrollo paralelo y proporcional de las raíces.

Lo que ocurre en la naturaleza ocurre también en el ser humano, lo que es adecuado en su maravillosa armonía es adecuado también para nosotros. Desarrollar y robustecer nuestras raíces equivale a descender dentro de nosotros y percibir nuestro ser más profundo. Al hacerlo, entenderemos porqué nuestras acciones nos causan sufrimiento o nos llevan a cometer los mismos errores siempre.

Ver nuestros lados oscuros, condicionamientos y represiones, es la única manera de entender cómo nuestra personalidad se constituye en el tiempo, porque somos prisioneros de nuestros roles y nos corresponde iniciar el camino de la "sanación", asumiendo totalmente nuestras responsabilidades.

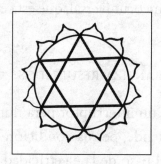

*Cuarto chakra*

Los errores que cometemos constantemente derivan de antiguos condicionamientos que nuestra mente nos propone sin interrupción, a los cuales nos sometemos pasivamente como computadoras cuyo programa se repite. Si logramos interrumpir ese círculo vicioso, iniciaremos también un benéfico aunque largo trabajo interior, que redundará en nuestra evolución personal y contemplará todos los planos de nuestra conciencia.

Muchas personas, cuando se sienten inquietas, inestables o advierten un vacío interior, buscan un remedio a su malestar en el exterior de sí mismos, en la materialidad, eluden sus responsabilidades cayendo en crisis depresivas en las cuales ningún aspecto de la vida tiene ya valor alguno o emprenden la búsqueda de un "maestro" que las lleve de la mano conduciéndolas hacia la "iluminación". Pero tales soluciones sirven más para perdernos posteriormente que para reencontrarnos, por cuanto, al buscar fuera de nosotros lo que deberíamos buscar dentro, nos separamos cada vez más de esa parte interior que es nuestra verdadera naturaleza y esencia. En estos torbellinos, nos será de gran ayuda recordar que cada hombre es el encuentro y la fusión de la energía de la tierra con la del cielo, que somos hijos del amor cósmico, universal, que ésta es nuestra verdadera y única fuerza.

## 44■ ¿El reiki garantiza resultados?

Cuando activamos un interruptor para iluminar una habitación, la luz se enciende, pero a condición que la instalación eléctrica permita el paso de la electricidad sin problemas; lo mismo ocurre con el reiki: si hay aceptación, si hay amor y respeto por sí mismo y por los demás, y gratitud por el don de la vida, entonces sus resultados serán positivos.

Por desgracia, lo que a menudo nos hace precipitar a la oscuridad es el miedo de afrontar los cambios, independientemente de su naturaleza. Lo desconocido, así como la idea de perder las conquistas realizadas hasta entonces, pueden provocar resistencias tan fuertes como para bloquear la evolución.

Si partimos del hecho, hoy probado, que es la psiquis la que condiciona el soma, es decir, nuestro cuerpo y su integridad, se puede afirmar que si se quiere curar una enfermedad, el proceso de sanación debe comenzar en nuestra psiquis, transformando pensamientos y hábitos, afrontando con valor los conflictos interiores no resueltos.

El mayor obstáculo, a veces insuperable, está constituido por nuestro ego que, persistiendo en las viejas y profundamente enraizadas convicciones, aprisionado por la ilusoria certeza de lo sabido —aún si provoca malestar— llega incluso a rechazar la simple perspectiva de una nueva valoración de lo que nos hizo sentir mal en el pasado, nos provocó desagrado o dolor, lo cual impide cambiar. Son los esquemas mentales y las falsas necesidades materiales los que impiden la sanación.

El secreto se encuentra en liberarnos de las limitantes exigencias de nuestro ego y de los miedos a examinarnos nuevamente. Solamente de esta forma, abriéndonos incondicionalmente al fluir de la energía, lograremos hacer que ella ilumine nuestra mente y nuestra alma, y que alcance, como un río vital, cada célula de nuestro cuerpo con resultados sorprendentes.

## 45■ ¿DE QUÉ SIRVE EL REIKI EN LA VIDA COTIDIANA?

Los "mandamientos" que el reiki considera fundamentales para una existencia sana y feliz, y que por tanto hay que observar como reglas de vida, son:

- *Por hoy no te enfurezcas.*
- *Por hoy no te preocupes.*
- *Honra a tus padres, maestros y a los ancianos.*
- *Agradece los dones de la vida y sé grato a todos los seres vivientes.*
- *Gánate la vida honestamente.*

Nosotros quisiéramos agregar otro:

- *Vive el presente conscientemente.*

Consideramos importante comentar, aunque sea brevemente, cada uno de ellos.

**POR HOY NO TE ENFUREZCAS.** La rabia como la preocupación son emociones que corrompen gravemente la calidad de la relación con los demás y del vivir en general, especialmente si están acompañadas por una sensación de impotencia.

La manera de combatir la rabia no es reprimiéndola —se derivarán daños directos más graves que los de su eventual desahogo— sino evitando que se origine, practicando la comprensión y el perdón con quien estimula su surgimiento. Esto no significa ser sujetos pasivos de cuanto acontece, sino sustituir una reacción instintiva e irracional por la voluntad de comprender los motivos —a fin de modificarlos— del comportamiento de quien estimula nuestra reacción negativa. El perdón brota de reconocer que el ser humano no es perfecto y que, a veces, realiza acciones sin querer hacer mal conscientemente.

No es superfluo subrayar que sólo quien es realmente fuerte psicológicamente y grande moralmente puede conceder con serenidad el perdón.

**POR HOY NO TE PREOCUPES.** Su significado más profundo no es vivir como si el mañana no existiera, sino afrontar los problemas en los momentos oportunos y las formas adecuadas, por tanto sin anticiparse ni atemorizarse más de lo que indiquen con certeza los elementos a disposición.

La preocupación por el futuro genera ansiedad, miedo e inseguridad, que podrían revelarse posteriormente y de manera incontrolada. Aceptemos que no siempre se puede tener bajo control todo y a todos. Eso permitirá una mayor serenidad, viviendo el milagro de la vida, simplemente fluyendo con ella, gozando el presente y dando significado a cada instante.

HONRA A TUS PADRES, MAESTROS Y A LOS ANCIANOS. En este caso el verbo "honrar" asume el significado de tener respeto y gratitud hacia todos aquellos que en la vida nos han enseñado algo y, a menudo, todavía lo hacen y nos aconsejan con su experiencia y sabiduría.

La sugerencia implícita es también la de ser humildes, porque únicamente gracias a esta virtud lograremos aprender algo de todos los que nos rodean.

AGRADECE LOS DONES DE LA VIDA Y SÉ GRATO A TODOS LOS SERES VIVIENTES. Pues solo así contribuiremos con hechos a la realización de un mundo basado en la armonía y el amor.

Es una disposición mental que influirá positivamente en nuestro comportamiento y en el de los demás, generando un círculo virtuoso que aporta bienestar en cualquier circunstancia.

GÁNATE LA VIDA HONESTAMENTE. El concepto de armonía también implica una relación justa entre las personas.

Por extensión, podemos entender esta regla como comportarse de manera éticamente correcta, no aprovecharse de los demás.

VIVE EL PRESENTE CONSCIENTEMENTE. Es una invitación a no desperdiciar ese don precioso que es la vida, a gozar conscientemente lo que cada día puede darnos de bueno y de bello, que enriquece nuestro espíritu, a aceptar en términos de experiencia y de crecimiento interior —esto es, en términos positivos— incluso los aspectos menos agradables de la existencia, a participar en los eventos que nos reúnan con otras personas para conocerlas mejor y más profundamente. Conocer a los demás equivale a conocerse mejor a sí mismo.

**46■ Los mandamientos mencionados son reglas generales válidas, pero, ¿cómo actuar cada día?**

Podemos aplicar unos principios simples que podrían definirse como el decálogo reiki en la cotidianidad. Son estos:

1. No juzgues a los demás y no serás juzgado. El juicio es síntoma de presunción y de inmadurez espiritual.

2. Los problemas de los demás, aunque no quieras admitirlo, en cierto modo tienen que ver contigo. Permanece disponible a comprenderlos y compartirlos, convirtiéndolos en oportunidad para tu crecimiento interior.

3. Consejos o pareceres expresados sin solicitud expresa de la persona involucrada son una ayuda aparente e interesada: en realidad se dan para satisfacer tu ego.

4. Cuida celosamente las palabras y confidencias de tus conocidos. Si hablas, traicionarás la confianza depositada en ti y caerás en el chisme; sin contar los daños que podrías provocar.

5. El reiki es fusión, por tanto amor, unión y solidaridad. Cuando generas, de cualquier forma, una separación entre ti y otra persona, te desprendes de la fuerza vital de la unidad universal.

6. Respeta las decisiones y comportamientos ajenos, aunque no los compartas o apruebes. Todo tiene un motivo, aunque tú no lo comprendas. Propicia tu evolución tratando de comprender, en lugar de limitarte a reprochar.

7. Sé consciente, y ten presente en tus acciones, que en las situaciones de hostilidad o desacuerdo cada uno tiene su parte de responsabilidad y que la mejor solución es encontrarse a medio camino.

8. Antes de ocuparte de los problemas de los demás, aprende a afrontar y a resolver los tuyos.

9. Tener fe en las leyes universales de la espiritualidad y la armonía significa tener el valor de aceptarlas, a veces incluso sin entender la razón de lo que ocurre. Lo que a ti puede parecerte mal, es un bien para otra persona; recuerda que cada uno de nosotros es parte del todo.

10. Deja que cada uno evolucione de acuerdo a su edad y sus experiencias. El único modo que tienes de ayudar a alguien es enviarle siempre amor, luz y energía.

47 ▪ ¿QUÉ RELACIÓN HAY ENTRE EL REIKI Y LOS ESTILOS DE VIDA?

Practicando reiki y poniendo en práctica sus reglas de vida, ocurren en las personas cambios que a veces no son percibidos de inmediato o en su real dimensión por los interesados, pero sí lo sienten las personas a su alrededor. Es frecuente que un iniciado escuche decir después de algún tiempo: "¡Pero cómo has cambiado! ¿Qué te pasó?". Así confirma que los beneficios de la práctica no sólo son reales, sino también evidentes.

Esto ocurre por cuanto ese bienestar interior que nos hace reaccionar frente a los problemas y dificultades con una calma y una serenidad insólitas hasta ese momento, nos permite una nueva forma de relacionarnos con los demás.

La disponibilidad para aceptar lo que acaece, la capacidad de comprender nuestras emociones y de expresarlas con calma y serenidad, la actitud positiva y la confianza, son los factores que más influyen sobre el estilo de vida individual.

Alguien con un ego muy fuerte o con algo de incredulidad puede preguntarse si todo aquello sucedió por efecto del reiki o porque de todos modos debía suceder. Pero el reiki no se ofende por esto, ya encontrará el modo de convencer incluso a los más escépticos.

### 48∎ ¿Tenemos la energía suficiente para dar a los demás?

La pregunta, en tales términos, podría dar lugar a pensar que entregamos nuestra energía personal menoscabando nuestras reservas físicas, con el riesgo de sentirnos después agotados y débiles. Eso no es así.

Ya dijimos cómo el reiki recibe su fuerza de la energía universal, presente siempre en todas partes. Nuestra misión es únicamente la de recoger y canalizar esa energía de forma tal que beneficie al receptor. El resultado será más positivo si lo hacemos con la intención específica de "dar amor", no solo energía.

Haciendo esto, alimentaremos los centros energéticos, auspiciando el equilibrio y la armonía del receptor, además de nutrirlo psicológicamente, haciéndole sentir el bien que sentimos frente a él, bajo una óptica de amor personal y universal.

### 49∎ ¿Qué se siente cuando se recibe energía?

La reacción varía en cada caso y está ligada sobre todo a la sensibilidad individual y a la capacidad de percibir los propios cambios. Hay quienes afirman no haber sentido nada en particular, quienes experimentan una gran sensación de relajación y de paz interior, quienes se sienten alegres y activos, quienes se echan a llorar, quienes se sienten en paz con el mundo entero y quienes sienten ansiedad por alcanzar la serenidad.

Pero estas son sólo algunas de las sensaciones que pueden percibirse de inmediato. En realidad, la energía trabaja con diferentes ritmos según el individuo, y lo hace con profundidad, por ejemplo propiciando recuerdos ligados a episodios o momentos de la existencia que fueron relegados al olvido personal porque eliminarlos era, en ese momento, la única solución.

Disolver los nudos y resolver problemas interiores, incluso los más remotos e insospechados: ésta es una de las capacidades del reiki. Del bienestar interior deriva la salud mental y de ésta, la salud física. Pero no debe haber equívocos: el reiki no es una varita mágica, sino simplemente un instrumento más —potente a más no poder— a disposición de aquellos que sienten un verdadero deseo de conocerse a fondo, de aceptarse a sí mismos y a los demás por lo que son y de participar en la realización del plan divino a través de la armonía.

50■ ¿Cuánto tiempo debe pasar entre un tratamiento y el siguiente?

No existe una limitación específica al respecto. Pero la experiencia enseña que no es con la cantidad que se alcanzan resultados satisfactorios, sino con la calidad. Este concepto adquiere mayor validez si tenemos en cuenta que cada tratamiento necesita su tiempo para provocar efectos sobre quien lo recibe. La siguiente explicación puede ayudarnos a entenderlo mejor.

Ya dijimos cómo el reiki no sólo ayuda a sanar físicamente sino interiormente o, mejor, espiritualmente. Pero para conseguir este resultado es necesario que maduren cambios en las personas, que se logre una conciencia sobre cómo se es, porqué hemos tenido determinadas experiencias en la vida y cómo las hemos vivido.

Todo esto necesita un tiempo adecuado, que varía de una persona a otra. Esto significa que cada tratamiento puede ser tomado como una etapa que lo aproxima a la meta final. Un individuo que quiere recorrer este camino de sanación, no resolverá su problema recibiendo —sólo a manera de ejemplo— cinco tratamientos al día durante diez días. Los tiempos adecuados serán establecidos según las respuestas a los estímulos que cada tratamiento provoca.

En términos generales, podemos indicar que en este tipo de casos es más eficaz un primer ciclo de tratamientos completos durante cuatro días consecutivos —una especie de terapia de choque— seguido de un segundo ciclo, después de unos días, de tres a cuatro tratamientos en días alternados, para descender finalmente a un par de tratamientos semanales o, si es suficiente, incluso uno solo para mantener el estado del individuo. En unas diez sesiones ya se pueden obtener resultados apreciables —con la condición, obviamente, que el receptor colabore con su propia búsqueda interior—, pues cada sesión el receptor percibirá, además de amor y una sensación de paz, señales provenientes de sus profundidades que lo ayudarán a comprender las causas de sus malestares y sus conflictos interiores, los que generaron la "enfermedad".

Recordemos, una vez más, que el reiki ayuda a "quien quiere ser ayudado", pero no hace milagros.

Sólo Dios es,
por eso es tan difícil encontrarlo.
Dios está en todas partes,
por eso parece no estar en ninguna parte.
El que busca también es objeto de la búsqueda,
por eso toda búsqueda es tan fútil.

OSHO

¿Por qué sufre el hombre?
Sufre por causa de la codicia
de aferrarse siempre a las cosas
que son esencialmente fugaces.
La principal causa es su mismo ego,
su misma persona.
Pero todas las cosas son fugaces.
Excepto el cambio,
todas las cosas cambian.

OSHO

51■ ¿PUEDE DARSE Y/O RECIBIRSE MÁS DE UN TRATAMIEN-
TO EL MISMO DÍA?

Sí. En los grupos de intercambio es normal dar reiki a los diversos integrantes del grupo el mismo día. Es una experiencia
muy agradable y enriquecedora.

Recibir más de un tratamiento o aplicarse más de un autotratamiento al día, es aconsejable en casos de trastornos físicos,
para tomar varios flujos de energía próximos entre sí.

52■ ¿DURANTE UN TRATAMIENTO PUEDE EXISTIR "CONTA-
MINACIÓN" FÍSICA O PSÍQUICA ENTRE QUIEN RECIBE Y
QUIEN DA ENERGÍA? Y SI ES ASÍ, ¿CÓMO NOS PODE-
MOS PROTEGER?

Hay muchas probabilidades de enfermarse si se entra en contacto con alguien que esté resfriado. Como ya se dijo, durante
el tratamiento, el donante no es más que un canal a través del
cual fluye la energía universal con destino al receptor. Es importante entonces que este canal esté abierto y limpio, que quien
da energía esté en condiciones psicofísicas positivas o por lo
menos neutras. La energía es como un río que quiere discurrir
sin obstáculos, y esto significa permitirle el paso a través de
nosotros de una manera fluida y armoniosa. Esto, depende de
la actitud positiva que nos anime durante el tratamiento: debemos entregar energía con amor, sentir las dificultades de quien
la recibe, pero sin involucrarnos emocionalmente.

Recordemos siempre que somos simples canales. Si nos in-
volucramos, entraremos en resonancia con el otro y podremos

sufrir su influencia. Solamente en el caso que nos sintamos muy agotados, fuertemente alterados en el aspecto emotivo o con alguna enfermedad física de cierta relevancia, será una demostración de responsabilidad renunciar a tratar a otra persona, para evitar que el flujo energético transporte consigo escorias que podrían reducir las cualidades benéficas.

Además, aunque el flujo de energía discurra a través de nuestro canal, puede ocurrir que las impurezas energéticas de un receptor en condiciones particularmente difíciles puedan retroceder hasta nosotros. Por eso, antes de cada tratamiento, será bueno tomar precauciones por medio de una protección, sintiéndonos revestidos por una envoltura de luz que —aunque permita el flujo de la energía— impida retornos indeseables.

Además, debemos saber expresar nuestras emociones como si las observáramos desde afuera, pero sin dejarnos influenciar. El autotratamiento nos ayudará a lograrlo. No es, entonces, del caso preocuparse, no hay ningún motivo; pues no estamos solos cuando nos dedicamos al bien de los demás: la energía tiene una inteligencia infinita y por ella estamos protegidos y apoyados. Lo único que se nos pide en el momento de ser canales es un corazón puro y un sentimiento de amor, por lo demás podemos confiar serenamente en la luz.

## 53. ¿Hay alguna prohibición en un tratamiento?

No, no hay nada prohibido. Pero es aconsejable no fumar, no consumir alcohol ni otras sustancias estimulantes, pues se crearían campos energéticos negativos para el tratamiento. Sería como si la energía, al encontrar vibraciones que no son positivas, intentara sembrar sus semillas en un terreno que no es idóneo y por tanto incapaz de dar sus frutos.

Se recuerda que el reiki es tanto más eficaz cuanto más propiciemos con nuestro comportamiento el desarrollo de energías positivas y la apertura al amor y a la armonía. El dar y recibir reiki no puede, y no debe, considerarse algo pasivo. ¡Todo lo contrario!

Los mayores éxitos se obtienen precisamente cuando nos damos cuenta de que somos responsables de todo lo que hacemos, de nuestra vida y de nuestras acciones, y que participamos en la realización del proyecto universal del cual hacemos parte.

## 54▪ ¿ES OBLIGATORIO TRATAR TODOS LOS CHAKRAS?

Ya sea durante el tratamiento completo o en el rápido, es bueno tratar todos los chakras para equilibrarlos y armonizarlos.

Pero hay casos particulares y extraordinarios en los cuales, por problemas de tiempo o urgencia, se puede tratar un solo chakra o algunos, según las circunstancias, porque es, o son, los que en ese momento específico necesitan ser equilibrados y armonizados. Además, es frecuente que, después de un tratamiento, se intervenga específicamente sobre partes del cuerpo especialmente afectadas y que, por lo tanto, necesitan sanarse.

## 55▪ ¿SE DEBE INTERVENIR PARTICULARMENTE SOBRE LOS CHAKRAS EN EXCESO O DEFECTO?

No, porque no hay necesidad. Recordemos otra vez que la energía "sabe" qué necesitamos, que trabaja según las leyes universales del amor y la armonía. Por lo tanto procederá en consecuencia. Cuando nos confiamos a ella no tenemos necesidad de concentrarnos en las necesidades, ella será la que las determine y se haga cargo.

## 56■ ¿EL REIKI PUEDE SANAR CUALQUIER ENFERMEDAD?

Aunque pueda parecer superfluo, es oportuno decir que la intención del reiki no es sustituir la medicina convencional ni mucho menos está en capacidad de hacer milagros.

Dicho esto, recordemos que todo nuestro organismo, incluso a nivel celular, está impregnado de energía que puede fluir libremente en él o bloquearse en algunas de sus partes, reduciendo la funcionalidad hasta provocar patologías.

Los bloqueos energéticos son provocados por emociones negativas, dolores, disgustos, situaciones que han causado angustias profundas en nuestra vida, crisis existenciales, sentimientos de culpa. El objetivo del reiki es eliminar estos bloqueos energéticos dándonos la fuerza, la serenidad y la capacidad interior de afrontar nuevamente, tal vez varios años después, esos momentos negativos, determinando las causas reales, aceptándolos como parte de un plan universal al cual hemos contribuido, aunque sea con sufrimiento. Pues es a través del sufrimiento que se crece, se mejora, se aprende a aceptar la inevitabilidad de nuestro karma.

Es en este proceso de aceptación que el reiki ayuda, eliminando progresivamente los bloqueos energéticos que tenemos, produciendo armonía y recuperando la funcionalidad aun en el aspecto físico, donde había desorden e inhibición. Y esto, sin duda, puede contribuir a sanar cualquier enfermedad.

Amaos recíprocamente,
pero que vuestro amor no sea una prisión:
dejad más bien un mar undoso
entre las dos orillas de vuestras almas.
Llenad vuestras copas mutuamente
pero no bebáis de una sola.
Intercambiad vuestro pan pero
no comáis del mismo pan.
Cantad juntos, danzad y estad alegres
pero que cada uno esté solo.
Como las cuerdas de un laúd, que están solas
aunque vibran por la misma música.

GIBRAN

## 57■ ¿Qué efectos tiene el reiki sobre las emociones negativas?

El efecto principal es el de reforzar las capacidades individuales, para asumirlas y expresarlas lo mejor posible. Esto es posible porque, armonizando y equilibrando todos los chakras, crece nuestra fuerza interior y, en consecuencia, nuestra seguridad.

Esto, obviamente, no significa que permaneceremos indiferentes a las dificultades o preocupaciones que la vida nos obligará a afrontar; pero estaremos en capacidad de hacerlo con mayor serenidad, conscientes de nuestros medios y nuestros límites, con la confianza de saber que la actitud positiva de nuestra esencia divina está en capacidad de modificar, si no el curso de los acontecimientos sí la calidad de nuestras reacciones.

Es útil recordar que los sentimientos negativos como la ira, el rencor, la agresividad o el resentimiento, producen en nuestro interior vibraciones negativas que tienden a bloquear las energías en la zona del plexo solar, donde está el tercer chakra; esto influirá en el sistema digestivo involucrando el estómago, el hígado, el bazo, la vesícula y el páncreas, que tiene la función importantísima de producir, además de enzimas, la hormona de la insulina. Pero hay que decir también que si el tercer chakra está armónico y equilibrado nos sentiremos llenos de luz, de alegría, de bienestar y de riqueza interior; si está bloqueado, desarmonizado o desequilibrado, nos sentiremos deprimidos, pesimistas e inquietos.

Dimos el ejemplo de un solo chakra, pero estar bien o mal, la alegría de vivir o sentirse "desgastados", depende de todos los chakras en modos y formas diversas. El reiki, ya lo dijimos, armoniza, equilibra, y sobre todo, auspicia la toma de conciencia de las causas que han provocado cada emoción negativa. Sin duda, es más útil y eficaz eliminar la causa que intentar desaparecer, inevitablemente de manera temporal, únicamente el síntoma o el efecto.

### 58 ▪ ¿EXISTE ALGUNA RELACIÓN ENTRE EL REIKI Y EL SISTEMA INMUNOLÓGICO?

Se afirma que entre más gocemos de un bienestar general, más fuertes serán las defensas naturales del organismo. Pero también debemos hablar de nuestros otros cuerpos, llamados "sutiles", que interactúan con nuestro cuerpo físico.

Estos cuerpos están estrechamente relacionados con nuestros centros de energía, es decir, con nuestros chakras. Ellos vibran, cada uno con una frecuencia específica, y se expanden a nuestro alrededor.

El primero de estos cuerpos sutiles se denomina etéreo: es el más próximo al cuerpo físico, casi superpuesto, y en él convergen las defensas inmunológicas.

El segundo es el emocional o astral: se expande a más o menos un metro de distancia y refleja nuestras emociones.

El tercero, el mental, tiene un radio todavía más vasto y vibra sincrónicamente con nuestros pensamientos.

Finalmente, el cuarto, el espiritual, no tiene límite de extensión mensurable y es el que se vincula a lo divino.

Cuando nuestros chakras están muy desarmonizados o desequilibrados, en nuestros cuerpos sutiles se producen aberturas, similares a fisuras más o menos extensas, que permitirán el paso de elementos negativos con capacidad de causarnos daño, en el plano físico, emocional o espiritual. Entre los elementos negativos que acabamos de mencionar también están comprendidos aquellos agentes patógenos externos capaces de enfermarnos.

De esto se deriva que cuanto más armónica y equilibrada sea la estructura de los chakras, tanto más eficazmente nos defenderemos de los ataques externos de cualquier naturaleza, incluidos virus y bacterias. No consideramos casual el hecho de que en alguna circunstancia, por ejemplo una epidemia de influenza, haya personas que resisten el contagio mejor que otras.

Un estado de bienestar fortalece el sistema inmunológico. Bajo este punto de vista, el reiki puede ayudar, al evitar la debilidad energética, conservando al máximo el equilibrio psicofísico y nuestra salud.

## 59 ■ ¿POR QUÉ SE CAE FRECUENTEMENTE EN ESTADOS DE ÁNIMO NEGATIVOS?

Para el reiki, la respuesta es bastante simple, y podemos hacerla comprender mejor recurriendo a una comparación.

Podemos imaginar nuestra mente como una computadora que contiene una enorme cantidad de programas, algunos de los cuales están presentes desde el nacimiento y otros —la mayoría— que nosotros mismos hemos desarrollado y registrado en función de nuestra experiencia de vida y los juicios que de ella nos hemos formado. Cuando nos encontramos frente a una situación cualquiera, recurrimos automáticamente a estos programas y nos comportamos de acuerdo a lo que ellos nos sugieren, sin considerar cuánto de nuevo o diferente podría derivar de una valoración distinta de la experiencia que estamos viviendo, consultando nuestro verdadero ser. En otras palabras, dejamos que sea la mente la que condicione nuestras decisiones y nuestros comportamientos, en lugar de usarla para mirar en nuestro interior y saber, en esa circunstancia, qué queremos realmente o qué es adecuado desde la óptica del crecimiento personal. Carecemos, entonces, de conciencia, olvidando nuestro origen, nuestra misión y la naturaleza divina que está en nosotros.

Por eso es fácil caer continuamente en las mismas trampas que generan —y nos hacen acumular— dolor, miedo, resentimiento e inseguridad. Cuando obedecemos pasivamente a los "programas" instalados en nuestra mente, tenemos la ilusión de actuar de forma libre y conciente, pero en realidad repetimos el mismo libreto y los mismos errores.

El remedio consiste en recordar que nuestro verdadero ser existe y sabe bien qué hacer: realizarse en armonía con el universo, o con todo y con todos, respetando la misión confiada a cada individuo. Para saber cómo hacerlo, basta mirarse hacia dentro con sincera y verdadera voluntad de "ver".

### 60■ EL REIKI, ¿PUEDE AYUDARNOS A RESOLVER NUESTROS CONFLICTOS?

La apertura de los canales energéticos, y por tanto el equilibrio y la armonía, que nos benefician desde el primer nivel, es sólo el inicio de un sendero que, según como queramos recorrerlo, podrá cambiar no sólo la forma de interpretar y aceptar lo que la vida nos brinda cada día, sino que también podrá enseñarnos a vivirla de acuerdo a unas nuevas lógicas más amplias, más profundas y satisfactorias que las actuales.

Ello transformará las reacciones ante los acontecimientos, propiciará una disminución del umbral de ansiedad, una visión menos pesimista del futuro y mayor confianza en los propios potenciales; los cuales derivarán en menor estrés, mejoría general en las relaciones con los demás y mayor capacidad de llevar una vida serena. Esto no significa que el reiki pueda hacer prodigios, sino que puede constituir un instrumento muy válido para mejorar la calidad de nuestra vida y la de los demás.

Asumir la "filosofía de vida" reiki no es únicamente una elección con la cual se tiene la posibilidad de "dar" energía, equilibrio y bienestar a los demás y a nosotros mismos. Es mucho más. Significa tener una visión del mundo, de la existencia y de nosotros mismos, no limitada a lo actual y a lo contingente sino expandida al punto de aceptar una interpretación de la realidad hasta hoy ignorada, así como la pertenencia a una dimensión trascendente fundada y gobernada por la más completa y absoluta armonía. Una dimensión donde no hay lugar para el egoísmo, el conflicto, la avaricia, la carrera por tener, sino donde nos situamos por encima de las miserias humanas, casi observándolas desde afuera, en un estado de gracia que nos permite vivir una vida serena, con ánimo tranquilo, con alegría interior, con plena conciencia de lo que realmente somos: manifestaciones del espíritu divino.

Pero todo esto no ocurre presionando un botón o colocándose un par de anteojos con lentes especiales. Ocurrirá dentro de nosotros, a través de un lento y casi imperceptible, proceso, que debemos seguir con paciencia, confianza, constancia y vigilante atención. Nos hará conocer, día tras día, paso tras paso, lo que somos realmente, descubriendo (o redescubriendo) nuestro ser: el verdadero, el auténtico, el que hoy se halla sepultado bajo hábitos de vida, concepciones sobre el modo de vivir, valores y principios, que en el curso de los años lo han desorientado, vuelto opaco y egocéntrico, haciéndole perder su esplendor original. El objetivo es tomar conciencia y acatar sus sugerencias.

El camino por recorrer no es rápido, ni exento de dudas e incertidumbres, pero bastará con escuchar lo que nos viene desde lo profundo del alma para llegar a la conciencia de lo que realmente somos. También tendremos que prestar atención a los mensajes que nos parecen insignificantes, captar las señales más débiles provenientes de nuestro interior y, sobre ellas, razonar para entender su sentido y significado.

## 61■ ¿QUÉ SE ENTIENDE EN REIKI POR "CONCIENCIA"?

Es el conocimiento pleno de cuanto hay en nosotros de divino y asumir completamente la responsabilidad de lo que somos.

Cuando el individuo logra esta percepción total de sí mismo, podrá actuar con plena conciencia de sus cualidades y sus límites, con la voluntad de participar en la realización del plan universal, bajo una óptica de "bien común".

Cada ser viviente es vehículo de la energía. Cuando sea consciente de esta función, la voluntad individual entrará en sintonía con la universal. El resultado será la armonía en cada instante y lugar. Esta es la base necesaria para la evolución de la humanidad.

## 62▪ ¿CÓMO SABEMOS SI HEMOS ALCANZADO ESTE ESTADO?

Más que decir cuándo hemos alcanzado la conciencia, podemos saber cuando aún no la hemos alcanzado: si somos intolerantes, juzgamos, tenemos miedo de perder algo, imponemos nuestro poder a otras personas, somos desconfiados o agresivos, no prestamos atención a las necesidades de las otras personas, no tenemos compasión ni entendemos su dolor. En esos momentos recibiremos señales que nos indicarán cómo, en aquella circunstancias, hemos olvidado nuestra parte divina.

No es fácil alcanzar la conciencia plena, pero tampoco es imposible. Con voluntad, amor y un contacto constante con nuestro ser interior, notaremos que, en poco tiempo, seremos algo más sabios y comprensivos de lo que éramos; entonces nos sentiremos uno con el todo.

## 63▪ ¿QUÉ ES LA INICIACIÓN Y DE QUÉ SIRVE?

La iniciación, en el reiki, es una ceremonia que reviste características sagradas, pues a través de ella podemos entrar en resonancia con la parte más elevada de nuestro ser, o sea el ánima o núcleo divino.

Con la iniciación, se entra en el campo de la potencia pura, asociada al espíritu universal, el contacto necesario para acelerar el proceso evolutivo y acrecentar la conciencia interior que se halla en el origen de la toma de conciencia.

Su calidad sacra también deriva de la fuerte carga simbólica que reviste el maestro —también llamado *master*— que, en esta circunstancia, representa a Mikao Usui, el monje fundador del reiki actual. Él dedicó gran parte de su vida a la búsqueda de los secretos de la sanación, una búsqueda que terminó en la montaña sagrada de Kuriyama cuando, después de veintiún días de ayuno y meditación, recibió la iluminación de los símbolos, su significado y cómo usarlos. Desde entonces se dedicó a atender el dolor ajeno y a la enseñanza de la autosanación. Por esto su figura espiritual se evoca cada vez que una persona es iniciada al reiki: el maestro "iniciador" representa al verdadero maestro Mikao Usui.

En cuanto al carácter "secreto" de la iniciación, del cual se escucha hablar de vez en cuando, no está en modo alguno vinculada a aspectos misteriosos u ocultos; de hecho sería más correcto hablar de "reserva", vinculado al aspecto sacro, tanto para el iniciado como para el iniciador, sobre todo en el momento de la activación, que exige silencio, calma y concentración. Así que no hay misterio, sólo respeto.

## 64■ ¿CUÁNTOS NIVELES SE PUEDEN RECIBIR?

Antes de responder la pregunta, será bueno puntualizar algunos aspectos relativos a las funciones que cumple el maestro.

Como ya se dijo, él no es más que el continuador de la obra de difusión del reiki que Mikao Usui inició. Su tarea es, entonces, transferir a otros los principios, doctrinas, conocimientos, experiencias, técnicas y capacidades (por medio del uso de símbolos que veremos en seguida), para aplicar y vivir el reiki en toda su plenitud.

Además, así como cada artesano obra sobre la materia siguiendo reglas generales absolutamente indiscutibles, como procesos individuales del todo originales, también cada maestro puede —con absoluto respeto y fidelidad por las enseñanzas básicas— idear un camino propio que le permita obrar sobre el espíritu de sus discípulos con mayor eficacia. Adopta, entonces, una metodología diferente en función de sus características.

Volviendo a la pregunta, ahora podemos responder, sin crear confusión en el lector, que algunos maestros usan cuatro niveles y otros solamente tres. Cada uno procederá según lo que la conciencia de su propio ser le aconseje para bien del propio reiki.

A nosotros también nos ocurrió lo mismo. También experimentamos y vivimos el reiki con nuestros grupos de intercambio, madurando convicciones que, aunque no queremos proponerlas como reglas indispensables, pueden ser consideraciones útiles para quien desea emprender este camino, en tanto sean elecciones conscientes. Son las siguientes:

El recorrido de la autosanación y la conciencia interior, como ya se habrá intuido, es largo y, con frecuencia, también doloroso. Es un proceso de purificación durante el cual nuestro ego puede negarse a seguir la voz del alma, escondiéndose tras las coartadas de la racionalidad o la inmediatez de las soluciones cómodas. En el primer nivel, a través de las cuatro activaciones previstas, se adquiere la capacidad de contacto, directo e inmediato, entre nuestra energía y la universal.

Si la iniciación se recibe y se vive con abandono y confianza, se experimenta —generalmente casi de inmediato— la realización de algo extraordinario en nosotros, se perciben casi desde el principio cambios a nivel físico-energético, emocional y espiritual. Con el pasar del tiempo, frecuentando el propio grupo de intercambio y practicando cotidianamente el auto-tratamiento, se llega a percibir un nivel de conciencia más sutil, se tiene mayor sensibilidad para entender los sucesos que se viven, y se abandonan viejos esquemas mentales y antiguos hábitos. Es como si las capacidades de recepción de señales provenientes del exterior se amplificaran.

Muchos, al abandonar los hábitos mentales del pasado que implicaban sufrimiento, viven una especie de purificación que elimina todo lo dañino, inútil y superfluo, comprenden que la vida está en el presente y que se vive con serenidad en su continua renovación. Con el primer nivel, entonces, se goza dando y recibiendo energía, nos sentimos felizmente empeñados en seguir un camino rico en descubrimientos sobre información, sensaciones y nuevas dimensiones.

Cuando se acumule experiencia, cuando las transformaciones se interioricen, cuando la espiritualidad se vuelva parte integrante de nuestro ser, sólo entonces se pedirá espontáneamente acceder al segundo nivel. Pero se deberá verificar si, realmente, se está listo.

En nuestro ambiente esto ocurre a través de un coloquio con el maestro y respondiendo las preguntas simples de un cuestionario, que busca establecer si ha llegado el momento de dar este paso. El maestro, por su parte, sólo solicitará una mirada introspectiva honesta. Existe la posibilidad de que alguien admita que todavía tiene trabajo que realizar.

Para el segundo nivel, la iniciación es más compleja, aunque solamente hay una activación: la adquisición de los símbolos, su significado, el modo de usarlos correctamente, dan la sensación de que a partir de ese momento se puede, y se debe, saber expresar la propia vida de una forma más profunda y consciente. Es un poco como pasar de la escuela elemental a los estudios superiores: mayor preparación, mayor potencial, mayor estudio de sí mismo, mayor conciencia: ésta es la síntesis del segundo nivel.

Los símbolos transmitidos por Mikao Usui se consideran sagrados y se usan con extrema humildad, pero también con la conciencia de su gran poder. Los símbolos son tres, cada uno con características específicas, y pueden usarse de manera separada o al mismo tiempo, según las necesidades e intenciones del caso y del momento.

En el segundo nivel se trabaja más intensamente sobre los otros, pero —es bueno recordarlo— el primero y más importante trabajo debe ser sobre sí mismo. Entre estos símbolos hay uno que permite enviar energía superando los límites del espacio y del tiempo, por tanto a cualquier distancia que se encuentre el receptor, a situaciones del pasado, para eliminar los efectos negativos, o del futuro, para propiciar —en lo posible— una evolución ventajosa.

Proporcionalmente a la evolución alcanzada seremos menos amargados, sin miedos o sentimientos de culpa, y nuestra relación con los demás y con la vida en general alcanzará niveles cualitativamente más altos. Podremos socorrer en la distancia a personas en sus necesidades físicas, podremos ayudarlas a superar sus ansiedades, sus agitaciones y a disipar sus confusiones. La creatividad individual también conocerá nueva luz y las nuevas ideas encontrarán realización en el respeto a las leyes espirituales y universales. La fe en lo divino será un apoyo en los momentos y situaciones difíciles, tristes o racionalmente incomprensibles.

En fin, usando los símbolos, se puede convocar energía y bendiciones sobre todo el planeta a favor de la evolución de la humanidad entera.

El acceso al tercer nivel ocurre cuando se realiza la última iniciación y, en esa circunstancia, se recibe también el cuarto símbolo (después de haber recibido los tres simbolos del segundo nivel). El cuarto símbolo también se define como el "símbolo del maestro", y quien está verdaderamente dedicado al reiki lo percibe como una ayuda espiritual a su misión, pero sobre todo como un símbolo iniciático, siendo por tanto una verdadera "investidura".

65∎ ¿QUÉ SON LOS SÍMBOLOS DE LOS QUE SE HABLÓ EN LA RESPUESTA ANTERIOR?

Estos símbolos son imágenes, similares a dibujos, que una vez conformados o visualizados mentalmente por el operador, son llaves de acceso energético tanto al plano físico como al mental y emocional.

Ellos entran en contacto, según los simbolos que se utilicen, con el nivel correspondiente del receptor sobre el cual se quiere intervenir.

Los símbolos son cuatro, de los cuales los tres primeros se otorgan al obtener el segundo nivel, y por tanto se utilizan a partir de ese momento, mientras el cuarto y último, cuando se confiere el tercer nivel, el de maestro.

El primero de estos símbolos concierne a la salud física; el segundo al equilibrio mental, las emociones, el consciente y el inconsciente; mientras el tercero posibilita a los dos anteriores proceder a distancia superando las barreras de tiempo y espacio. Este último, en particular, tiene gran fuerza, permitiendo alcanzar a quien necesita ayuda en cualquier lugar donde se encuentre, aun a miles de kilómetros de distancia; además, puede superar los límites temporales del pasado y el futuro relativos a las situaciones ya ocurridas o todavía por venir, influyendo, en lo que concierne al pasado, en la eliminación de efectos derivados de circunstancias que hayan provocado sufrimientos y bloqueos, y propiciando, en lo concerniente al futuro, la evolución positiva de situaciones difíciles de afrontar y que podrían producir miedos o inseguridades.

Finalmente, el cuarto símbolo, también llamado "del maestro", concierne a la esfera espiritual y se confía a quien recibe el tercer nivel, es decir, a quien se dispone a ser guía espiritual, a dedicarse —casi totalmente— a la transmisión de las enseñanzas del reiki. Se utilizará para poder entrar en contacto profundo con el iniciado durante las activaciones y para sobrepasar la apariencia de la materialidad encontrando el significado espiritual de la existencia. Es el símbolo que representa la trascendencia, lo que está por encima de la realidad terrenal, es el contacto con el espíritu universal del cual proviene nuestra alma.

## 66■ ¿Cómo se accede al primer nivel del reiki?

Excepto por un coloquio preliminar con el maestro, que permitirá un conocimiento recíproco, no hay formalidades especiales para acceder al primer nivel del reiki. De todos modos es oportuno que, con ocasión del primer coloquio, se reciba un mínimo de información sobre el significado de la iniciación, sobre la energía, sobre los cuerpos sutiles y sobre los chakras.

Para quien recibe el primer nivel, será bueno además prepararse mental y físicamente unos días antes de la iniciación, evitando comer en exceso y reduciendo al mínimo el café, el alcohol y el cigarrillo, pues durante los dos días en los cuales ocurrirá la activación, estas sustancias se proscribirán a fin de auspiciar un óptimo estado físico.

Adquirir el primer nivel es como dar los primeros pasos hacia el descubrimiento, o redescubrimiento, de un mundo interior desconocido o sepultado por los escombros generados por la ansiedad, la codicia y el egoísmo. De su conocimiento se obtendrá la fuerza, la fe, la capacidad de superar las pequeñas y grandes dificultades que forman parte de la vida cotidiana.

Iniciar este camino no implica la presunción de alcanzar la iluminación o el estado de Buda, sino la conciencia de poder transformar la propia vida usando nuestras cualidades innatas, recuperadas y exaltadas gracias a la energía.

67■ ¿QUÉ OCURRE DURANTE LA ADQUISICIÓN DEL PRIMER NIVEL?

Consideramos un deber decir que el tiempo dedicado a esta iniciación puede variar de un maestro a otro en función de las escogencias individuales que se señalaron antes. Nuestra experiencia nos ha confirmado que dedicar dos días al primer nivel, responde mejor a la exigencia de proceder con cierta progresión al transmitir los conceptos y enseñanzas, que serán base de la futura práctica del reiki.

Los dos días que nosotros dedicamos a la iniciación comprenden una parte de seminario y otra de activaciones. La primera es necesaria para que los participantes puedan comprender puntualmente cuáles son los fundamentos del reiki; la segunda, desarrollada en cuatro momentos diferentes, permite entrar en ese silencio interior que conducirá a ver la propia esencia, la fuerza divina que hay en cada uno de nosotros, y al maestro, armonizar los centros de energía, con frecuencia desequilibrados, de cada uno de los participantes. Al final, se poseerá la llave de acceso, la capacidad de recurrir a la energía reiki cada vez que sea útil o necesario para nosotros y para los demás.

Se aconseja enfáticamente —diríamos que es indispensable para una impresión profunda y duradera— que en los cuatro días siguientes a la iniciación se practique el autotratamiento y el intercambio energético con otras personas activadas. El autotratamiento en especial, si se practica con constancia, se convertirá en la ayuda para entrar con éxito en una nueva dimensión de vida. Es importante subrayar que deberá practicarse no como una obligación sino como una elección consciente y como un instrumento para entrar en resonancia con nuestra conciencia, con nuestro propio ser.

68■ ¿QUÉ CLASE DE RELACIÓN SE INSTAURA ENTRE LOS INICIADOS Y EL MAESTRO?

Diríamos, sobre todo, que una relación de extrema confianza, en cuanto ya en el coloquio preliminar el discípulo se "confía" simbólicamente al maestro; que percibe, comprende y valora las motivaciones y/o dificultades que lo impulsaron a solicitar el primer nivel.

Puede ocurrir, aunque no es frecuente, que no se acepte a algún solicitante. Esto sucede cuando en el coloquio preliminar se detectan graves dependencias a las drogas, gran inestabilidad psicológica o experiencias particulares que tienen que ver con el mundo de los espíritus. Pero tal rechazo no se realiza por cruel-dad, insensibilidad o porque quien accede al reiki hace parte de un mundo elitista, sino para salvaguardar aquella "protección" a que tiene derecho el grupo que se apresta a recibir el primer nivel, para vivir tan importante y fundamental experiencia con toda calma, serenidad y sin imprevistos que puedan perturbar el recogimiento. Por el éxito del seminario de iniciación y por la serenidad de sus participantes, todo se prepara a fin de que el tiempo y el lugar en el que se desarrolla esté exento de energías que puedan implicar perturbaciones.

No es raro que en tal circunstancia, junto con la remoción de bloqueos interiores y desarmonías, afloren antiguos dolores o emociones fuertes causados por conflictos todavía no resueltos. Esto podrá provocar llanto, debilidad, náusea, dolor de cabeza e, incluso, diarrea. Pero son reacciones físicas absolutamente na-turales, que no deben preocupar de ninguna manera, en cuanto son señales de que el reiki ha comenzado su obra de sanación. Al segundo día ya desaparecen tales síntomas, o se atenúan de ma-nera drástica. Normalmente, el momento de la despedida está lleno de energía positiva, un fuerte espíritu de unidad y una gran alegría: el corazón y el amor asumen el control de la situación.

Encuentra tiempo para pensar,
encuentra tiempo para orar,
encuentra tiempo para reír;
es la fuente del poder,
el mayor poder sobre la Tierra,
es la música del alma.
Encuentra tiempo para jugar,
encuentra tiempo para amar y ser amado,
encuentra tiempo para dar;
es el secreto de la eterna juventud,
el privilegio otorgado por Dios.
La jornada es demasiado corta para ser egoístas.
Encuentra tiempo para leer,
encuentra tiempo para la amistad,
encuentra tiempo para trabajar;
es la fuente de la sabiduría,
el camino de la felicidad,
es el precio del éxito.
Encuentra el tiempo para practicar la caridad,
es la llave del Paraíso.

MADRE TERESA DE CALCUTA

### 69. ¿QUÉ SENTIDO TIENE QUE SE DEBA PAGAR PARA RECIBIR LOS DIFERENTES NIVELES?

El intercambio, en cualquier época, ha constituido la base de las civilizaciones. La naturaleza misma sigue esta ley universal: un árbol necesita luz y, a su vez, produce oxígeno; extrae nutrientes de la tierra, pero ésta es abonada por sus hojas cuando caen; sus frutos están destinados a que los animales y hombres se nutran y extraigan energía, que tarde o temprano se restituirán a la naturaleza bajo otra forma. Se regresa a la vida lo que de ella se obtiene.

El propio Mikao Usui se desilusionó cuando dispensó gratuitamente sus curaciones a los mendigos que no podían pagarle. De hecho, después de un tiempo, las personas sanadas se enfermaban de nuevo porque retomaban sus malos hábitos de vida o, en lugar de trabajar, volvían a pedir limosna pues no encontraban en la salud recuperada un valor que justificara su cambio de vida. Usui entendió que debía aplicarse la ley universal del intercambio y que, para la mayor parte de los seres humanos, lo regalado se toma en menor consideración que lo pagado. Así, también la energía que dispensaba debía "pagarse" y quien no podía hacerlo en dinero, debía hacerlo prestando su colaboración en la clínica reiki.

A todo esto se agrega, para quien cree en la ley del karma, que quien recibe sin dar acumula deudas que tarde o temprano tendrá que pagar. ¿Por qué entonces no seguir las leyes naturales así como las espirituales? Además, si además de recibir también se aprende a dar, se vive un proceso de crecimiento y mejoramiento bajo la insignia del equilibrio y la armonía. Las cuentas tienen que cuadrar: cuánto he recibido, tanto debo dar. Inevitablemente, de un modo u otro.

También en el reiki ocurre lo mismo: es justo que el esfuerzo del maestro y recibir energía de alguien deba ser pagado o retribuido de otro modo. En los grupos de intercambio, los miembros saldan las cuentas precisamente intercambiándose energía; en el caso de la consecución de un nivel, al maestro se le debe una cifra en dinero —salvo que se acuerde otra cosa— por el tiempo dedicado, por la responsabilidad que se asume, por la capacidad que le confiere su actividad y por el tiempo que ocupa en sus discípulos. Acaso, ¿quien se dedica a los demás no tiene el derecho de vivir dignamente? ¿Y cómo puede hacerlo si a cambio de tal dedicación no recibe nada?

## 70■ ¿POR QUÉ CADA NIVEL TIENE COSTOS DIFERENTES?

Porque es diferente el valor de lo que se confiere en cada nivel. El primer nivel, aun siendo el fundamental, además del más largo, fatigoso y complicado, sólo provee los elementos y conocimientos básicos para operar con el reiki y es, en cierto sentido, también el más simple. Esto permite a un elevado número de personas aproximarse al amor y a la armonía tal como las entendemos, comenzar a vivir la vida con una conciencia más amplia y receptiva, además de mantener, con los intercambios y el autotratamiento, un buen equilibrio psicofísico.

El segundo nivel tiene un costo que es aproximadamente el triple del primero. Este se justifica por que, además del esfuerzo del maestro de seguir a quien quiere acceder, con tal nivel se reciben los tres símbolos de los cuales hablamos anteriormente.

Y son símbolos que deben considerarse —como vimos— preciosos, ya sea en términos de aplicación práctica o por su eficacia al hacer crecer posteriormente la capacidad de percepción del propio ser.

Su poder aproximará, paso a paso y casi imperceptiblemente, a quien los posee a la meta de la conciencia. Y esto provocará cambios cualitativos de todo tipo en la existencia del individuo. Se debe subrayar de nuevo cómo muchos terapeutas de medicina alternativa utilizan los símbolos como potenciadores de la terapia misma, además de "protección" para mantener un debido desapego y una necesaria objetividad en los problemas de sus asistidos.

El costo del tercer nivel, aquel que confiere la investidura de maestro, es variable, y puede ser de cinco a diez veces el costo del segundo nivel. Muchos podrán tener la sensación que es un costo exagerado, pero las consideraciones que nos aprestamos a exponer lo explicarán.

Quien decide adoptar el papel de maestro, teniendo las características necesarias y habiendo cumplido los requisitos indispensables, sabe que a partir de ese momento dedicará la mayor parte de su tiempo y sus energías a desarrollar tal misión. Ello implica que, salvo casos excepcionales, no tendrá otros ingresos económicos que los derivados de su labor de maestro. Y un maestro, como cualquier otro hombre, tiene derecho a llevar una vida digna. Además, algo que a nuestro parecer es de absoluta relevancia, con la entrega del cuarto símbolo él recibe un encargo muy importante: asumir la responsabilidad de actuar como guía para otros en el "mundo del reiki".

*Alojado en lo más profundo*
*de nuestro corazón y el de todos los seres,*
*mora un manantial insaciable de amor y sabiduría.*
*El objetivo supremo de cualquier práctica espiritual*
*es descubrir esta naturaleza pura,*
*esencial, y entrar en contacto con ella.*

LAMA THOUBTEN YESHÉ

*El yo nunca puede ser libre,*
*la esclavitud es el yo.*
*Éste es el significado de la frase de Jesús:*
*"Aquel que salva su vida la perderá,*
*y aquel que pierde su vida*
*alcanzará la vida eterna".*

OSHO

### 71▪ DESPUÉS DEL PRIMER NIVEL, ¿ES NECESARIO RECIBIR LOS OTROS?

No, no existe una necesidad específica, ni mucho menos alguna obligación. Proseguir o no el camino emprendido con el primer nivel es una decisión personal, derivada de las propias tendencias, de la propensión a investigar constante e íntimamente el conocimiento del propio ser, de la voluntad y la capacidad de vivir una vida guiada por la armonía y el amor. Y todo esto, para muchas personas, cuesta demasiado esfuerzo. Muchos son espiritualmente "perezosos" o tienen miedo de descubrir cómo son verdaderamente; antes que afrontar y vencer los fantasmas del pasado o los miedos por el futuro, prefieren sucumbir pasivamente a la penumbra del presente, en lugar de buscar la luz.

Todos aquellos que han recibido el primer nivel por curiosidad o a la espera de milagros sin esfuerzo alguno, sin trabajar sobre sí mismos, todos aquellos que consideran al reiki como un pasatiempo de carácter social, ciertamente no sentirán el empuje, el deseo y la necesidad de seguir adelante. Pero, para todos los demás, hacerlo será una gran alegría.

### 72▪ ¿CUÁNTO TIEMPO DEBE PASAR ENTRE UN NIVEL Y EL SIGUIENTE?

Para esta pregunta tampoco hay una respuesta única y fija. Depende de cuánto y cómo se trabaja sobre sí mismos y con los demás, del grado de "sensibilidad" que se alcance, de la disponibilidad a abrirse frente a los demás, a discutir sobre sí mismo, a aceptar los cambios que todo crecimiento conlleva.

Si todo esto ocurre según los principios reiki, al segundo nivel se puede acceder después de un mínimo de seis meses del primero. En cuanto al tercer nivel, aquel al que sólo muy pocos acceden, depende del grado de evolución personal y, sobre todo, espiritual, además de, obviamente, el empuje interior de emprender una misión semejante.

En conclusión, no es posible dar una indicación exacta en relación al tiempo necesario.

## 73■ ¿SE PUEDEN RECIBIR LOS NIVELES DE DIFERENTES MAESTROS?

No hay ningún impedimento o prohibición al respecto. Obviamente, si un practicante tiene buena relación con su maestro, será natural proseguir su camino y su crecimiento interior con él. Pero si las circunstancias lo llevaran a encontrar otro maestro con quien se encuentre también a gusto, o si, como hipótesis, se mudara a otra ciudad, de todos modos puede recibir los niveles siguientes de otro maestro.

Lo importante es que se sienta que la relación que se instaura se acepte de "corazón". Todo el resto vendrá por añadidura.

## 74■ ¿LA PRÁCTICA DEL REIKI IMPLICA NECESARIAMENTE UNA RELACIÓN CONTINUA CON EL MAESTRO?

Depende del tiempo que se dedique al reiki y de la importancia que se le atribuya. Si no logra aplicarse con constancia, si está perturbado por dudas o incertidumbres sobre determinados aspectos, si siente necesidad de ayuda para "mirarse por dentro" más eficazmente o si los acontecimientos dificultan el camino, el contacto asiduo con el maestro será, en realidad un apoyo y consuelo en la práctica del reiki.

Pero nunca deberá constituir una dependencia y será el mismo maestro quien evite que esto ocurra. El reiki combate las dependencias y no puede, por tanto, auspiciar su creación. A medida que se siga el camino de la conciencia, será natural que los contactos con el maestro asuman las características de una amistad afectuosa con la cual se puede contar cada vez que se necesite. La relación se moderará, aunque el discípulo conservará por el maestro respeto y gratitud. Y un buen maestro no podrá menos que sentirse feliz al ver a alguien a quien ha guiado, caminar seguro por el sendero de la luz con plena fe en sí mismo, en la armonía y en el amor.

## 75■ ¿El maestro es semejante a un padre espiritual?

En ciertos aspectos podría serlo, pero es sobre todo un canal energético, además de una persona que ha emprendido un camino que lo pone a disposición de todos aquellos que necesitan de él.

No puede entonces definirse como un padre espiritual en el sentido común de esta expresión. Es también un intermediario entre la energía y el discípulo y, en cuanto tal, puede ayudar a reconocer al verdadero maestro espiritual que hay en cada uno de nosotros. Si, además, el maestro de reiki está dotado de sensibilidad, altruismo e inteligencia, cada vez que se reúnan será ciertamente un "buen encuentro".

## 76▪ ¿EXISTE ALGUNA ORGANIZACIÓN QUE ASEGURE UN COMPORTAMIENTO CORRECTO DE PARTE DEL MAESTRO?

No, no existe. Un comportamiento correcto se deriva de la propia conciencia y ninguna organización podría estar en capacidad de prever, prevenir o corregir los errores o indelicadezas de diferentes clases y naturalezas que puedan presentarse con el número cada vez mayor de escuelas e institutos reiki aparecidos en los últimos años.

Nosotros creemos que son las mismas personas interesadas en el reiki las que pueden cuidarse, leyendo libros al respecto, informándose sobre las experiencias de los demás, yendo a visitar los lugares y hablando con las personas. También podrá ser útil asistir a debates o seminarios preliminares sobre reiki. Sentir cómo, dónde, y con quién iniciar el camino será la primera señal de unión con la energía.

## 77▪ UNA VEZ TOMADO EL PRIMER NIVEL, ¿CÓMO SE TRANSMITE LA ENERGÍA REIKI?

De la manera más simple y natural: a través de la imposición de las manos, que se efectuará siguiendo la secuencia aprendida durante el seminario de iniciación descrito.

Desde los primeros días, aunque con características diferentes de una persona a otra y según la sensibilidad individual, se podrá percibir el flujo de energía que se está recibiendo, y se sorprenderá de cuánto bienestar y paz interior puede aportarnos.

En algunas circunstancias el impulso de prestar ayuda a quien la necesita será tan fuerte que nos llevará a tocar a las personas adoloridas, cansadas o deprimidas. Pero se subraya explícitamente que nunca hay que dejarse arrastrar por ese impulso, sobrepasando ese límite de respeto y reserva al que toda persona tiene derecho: se debe respetar la regla de no dar reiki a quien no lo desea, no insistir, ni mucho menos tratar de convencer a alguien que no quiere creer.

Tenemos que estar disponibles para ser canales energéticos en el momento en que se nos solicite; podemos ofrecer nuestra ayuda, pero nada más.

## 78■ CONSIDERANDO QUE SE DA ENERGÍA A OTRA PERSONA, ¿EL REIKI IMPLICA FATIGA?

Absolutamente no. Es más, el reiki es tan energizante para quien lo da como para quien lo recibe. De hecho, no es extraño que se comience a dar un tratamiento en ciertas condiciones psicológicas o físicas, y se concluya sintiéndose mejor y revitalizando, tal como se siente quien recibió el tratamiento. Esto ocurre, sin embargo, en mayor o menor grado en función de cuánto sentimiento colocamos en nuestra obra y de cómo logramos abandonarnos al propio reiki.

Consideramos útil, además, explicar otro aspecto ligado al argumento que estamos tratando: no siempre podremos estar en las condiciones psicofísicas ideales para dar reiki.

Como ya dijimos, nuestra mente tiene un papel muy importante en el equilibrio y la armonía interior; por tanto, si en alguna circunstancia estuviéramos particularmente perturbados y nos sintiéramos indispuestos para realizar nuestra tarea, sería bueno abstenerse.

Tenemos un indicio sobre nuestro estado cuando, antes de iniciar el tratamiento, nos dedicamos a la centralización del corazón: es el momento en que podemos percibir la verdad sobre nuestro estado y debemos aprender a escucharla. Si en tal ocasión, en lugar de sentir lo positivo del reiki, permanecemos anclados en nuestros problemas y nuestros conflictos interiores, quiere decir que no estamos listos para dar energía, no somos canales que permitirán un flujo de energía totalmente positiva y eficaz.

Una recomendación que queremos dar, para el éxito de la acción es meditar entre diez y quince minutos o, aun mejor, hacerse un autotratamiento (puede ser rápido) para equilibrar los centros energéticos y purificar pensamientos y sentimientos antes de iniciar un tratamiento.

## 79■ ¿QUÉ NEXO HAY ENTRE EL REIKI Y EL MAL FÍSICO O PSÍQUICO?

La ciencia médica acepta sin discusión el principio de la interdependencia entre psiquis (mente) y soma (cuerpo). Estando cada componente lleno de una energía que sufre continuos cambios de vibraciones, positivas o negativas, según los acontecimientos que cada hombre afronta en el curso de su vida, podemos decir que el reiki, en cuanto energía creadora y vital, puede contribuir a un estado de bienestar, propiciando la armonía y el equilibrio de nuestros pensamientos y nuestras emociones.

Hacernos conscientes de que somos directamente responsables de nuestras acciones, las cuales generarán positivismo o negativismo en los diferentes niveles energéticos, nos hace también capaces de sanarnos adecuadamente para lograr el objetivo: la armonía total.

**80.** ¿EL REIKI PUEDE AYUDAR A LLENAR VACÍOS AFECTIVOS COMO LUTOS, SEPARACIONES O HIJOS QUE SE VAN DE LA FAMILIA?

La respuesta exige una premisa: unas de las principales bases del reiki es el sentido de la unidad cósmica. Aquí encontramos la ley: nada se crea ni se destruye todo se transforma.

Si partimos de esa verdad, ya comienza a delinearse la respuesta: el universo está en continua y eterna transformación, y nosotros con él. Todas las cosas, incluso todos los elementos que hacen parte de nuestra vida, están en continua evolución y cambio. Por tanto, nada nace o muere, sino en apariencia. En realidad, bajo otra forma, lo divino que hay en nosotros sigue existiendo, cumpliendo su camino, desarrollando su obra.

Es cierto que los grandes sufrimientos, generados por acontecimientos que marcan nuestra vida, son extremadamente duros de aceptar y provocan ansiedad, miedo, resentimiento, e incluso rebeliones. ¿Cómo responder al "por qué a mí"? Si buscamos una respuesta limitándonos al ámbito humano, no la encontraremos: nuestro ego nos lo impedirá. Pero si trascendemos ese límite y proyectamos las cosas, los acontecimientos, las razones, incluyéndolos en un plan universal y divino en el cual todo tiene una razón, todo es una preparación sin fin de lo que seguirá, todo tiene una finalidad específica que da un sentido a la definición de unidad y armonía, entonces —gracias a esta conciencia— nos resultará menos difícil aceptar el sufrimiento.

El reiki ayuda en todo esto pues permite aceptar el principio de que nada sucede por azar, reconocer en cada uno tanto su apariencia humana y finita como su núcleo divino y eterno, y asumir la idea fundamental que cada alma está sobre la tierra con una finalidad precisa, para cumplir una misión particular, que puede ser muy breve. ¿Qué sentido tienen los niños que mueren inmediatamente después del nacimiento?

No podemos entenderlo, porque si lo entendiéramos ya no seríamos humanos y no nos haríamos la pregunta. Quizá su alma necesitaba una aparición fugaz entre los humanos para alcanzar finalmente la eterna beatitud o, tal vez, sus padres debían vivir esa experiencia para alcanzar otros objetivos.

En el sentimiento de unidad y compartir se puede comprender cómo cada experiencia hace parte de la evolución de la conciencia cósmica. Gandhi dejó escrito: "Yo no creo que un individuo pueda elevarse espiritualmente y aquellos que están a su alrededor sufrir. Creo en la esencial unidad del hombre y de todas las criaturas vivientes. Creo por tanto que si un solo hombre progresa espiritualmente, el mundo entero mejorará con él, y que si un solo hombre yerra, el mundo entero errará en la misma medida".

81 ▪ ¿EL REIKI ES ÚTIL PARA QUIEN SUFRE PROBLEMAS PSICO-
LÓGICOS COMO SENTIMIENTO DE INEPTITUD, SOLEDAD,
INSEGURIDAD, DEPRESIÓN, ETC.?

Muchas personas que practican reiki —recordemos que se ha difundido en todo el mundo— afirman que siguiendo sus reglas han descubierto el sentido del verdadero Amor, aquel con

"A" mayúscula, que no hace distinciones de ningún tipo, que da por el puro placer de dar. Y así han descubierto, también, una cura eficaz para todos sus males.

La apertura hacia los demás, el sentido de unidad y de hacer parte de un gran plan universal, la búsqueda paciente y atenta del propio ser, y el valor de la introspección, dan respuestas y significado a los acontecimientos incluso más tristes y dolorosos, así como proponen constantemente nuevos objetivos de vida.

Sobre todo, esto es el reiki, a lo cual se agrega el sentido de paz y plenitud que se siente cuando, como canales de energía, llevamos alivio y bienestar a los demás.

## 82■ ¿EL REIKI TAMBIÉN AYUDA A TENER UNA MEJOR VEJEZ?

Si consideramos que, con extrema frecuencia, en la vejez nos acompañan los males citados en la pregunta precedente, la respuesta no puede ser otra: sí, sin duda alguna.

El envejecimiento es un proceso fisiológico inevitable, que lleva consigo la decadencia física, el aislamiento social o la pérdida de autosuficiencia, pero también el patrimonio de experiencias derivadas de las vivencias personales que, si se ponen a disposición de los demás en el espíritu del reiki, se convierten en una riqueza y permiten la valorización del individuo por sí mismo y por el ambiente social en el que vive. El reiki enseña también a conservar el sentido de gratitud frente a los contratiempos de la vida. Cuando se ha vivido tanto, este sentimiento se convierte en fuerza, conciencia y aceptación. Es ciertamente un gran don, pero debe alcanzarse mediante una búsqueda humilde, constante, cotidiana, dentro y fuera de nosotros.

83▪ A LA MAYORÍA DE PERSONAS, CON EL TRANSCURRIR DE LOS AÑOS, LOS AFECTA EL MIEDO A LA MUERTE: ¿QUÉ PUEDE HACER EL REIKI?

Desde el mismo momento en que empezamos a formar parte del mundo material sabemos que moriremos inevitablemente, como todo lo material. El día que esté establecido que deba ocurrir, cada una de las cosas en este mundo dejará de existir como tal para transformarse en algo diferente.

Podría parecer un contrasentido, pero no lo es: los humanos tenemos toda la vida para prepararnos a morir sin miedo. Un miedo generado por lo desconocido, que nos hace resistir y combatir, aun cuando nuestro cuerpo no sea más que una pobre armazón. Es normal que lo sintamos, aferrarse a la vida hace parte de las leyes de la naturaleza; pero para quien vive en la fe de la propia eternidad, no existe el miedo de dejar una "simple envoltura" para mutar en los planos sutiles del espíritu. Para todos hay un renacimiento en la transformación.

Mikao Usui conocía bien el concepto de la reencarnación y el principio de causa-efecto (karma) cuando desarrolló el reiki, y quien lo practica es cada vez más consciente de estas leyes universales y espirituales.

Toda alma es como una gota de agua: todas las gotas juntas forman el oceáno, y él es, existe, como un conjunto de gotas singulares. Nosotros también somos así: partículas de luz de la infinita e inmortal luz divina. Eso es lo que puede hacer el reiki: elevar la conciencia de lo singular por tal conocimiento, después de lo cual la muerte es solo un pasaje.

Las religiones son caminos diferentes
que convergen en un mismo punto.
¿Qué importa si tomamos caminos diferentes
pero llegamos a la misma meta?

GANDHI

La fe que nos guía
a través de los mares tempestuosos,
que mueve montañas
y cruza el océano,
no es más que una
conciencia viva y despierta
de Dios dentro de nosotros.
Aquel que haya alcanzado esa fe
no carece de nada.

GANDHI

84■ ¿HAY OTROS MÉTODOS QUE PUEDAN DAR EL MISMO RESULTADO QUE EL REIKI?

Es una pregunta difícil de responder. El mundo moderno vive una fuerte tendencia hacia la espiritualidad y, en este campo, no faltan iniciativas y métodos que buscan hacernos sentir mejor, en el sentido lato. Cada persona tiene la posibilidad de elegir lo que sienta más adecuado a sus expectativas. Que lo logre mediante el yoga, la meditación o el reiki, tiene poca importancia.

Lo importante es que la elección se realice tomando en cuenta lo que la mente capta en términos de información y, sobre todo, lo que el espíritu percibe en términos de sensaciones.

Será el mismo corazón el que diga cuál es la elección adecuada.

Para nosotros, y para muchos más, eso fue lo que ocurrió con el reiki. Pero, lo repetimos, la elección depende de lo que se desea, de lo que se necesita, de las predisposiciones y las características individuales. El reiki, con sus principios fundados en la armonía, el amor y la energía relacionadas con lo divino que hay en todos nosotros, quizá un día extenderá la mano, pero estrecharla o no será una elección completamente personal.

85■ ¿EL REIKI TAMBIÉN ACTÚA SOBRE LAS DEPENDENCIAS, COMO EL ALCOHOL, EL CIGARRILLO Y LAS DROGAS?

Debemos especificar qué es una dependencia: la incapacidad de privarse de alguien o de algo. Así, se depende de relaciones —por ejemplo de la persona amada, de un confidente, de un guía espiritual, etc.— y de objetos o sustancias: de la computadora, la televisión, el cigarrillo, el alcohol, etc.

Cualquier condicionamiento es un exceso y, en cuanto tal, señal de desequilibrio e inmadurez. Está bien buscar y satisfacer los pequeños y los grandes placeres de la vida o establecer relaciones personales (incluso asiduas) intensas y gratificantes, mientras que siempre deriven de decisiones libres de condicionamientos. Porque ser dependiente significa privar al propio espíritu de la libertad de ser, crecer y evolucionar, vinculándolo a falsas satisfacciones y necesidades.

El reiki enseña a vivir según las leyes éticas del dharma, es decir, las tareas y responsabilidades que cada alma tiene, en armonía con las leyes espirituales. El reiki indica el deber y la necesidad de buscar y descubrir nuestros dones, para cumplir lo mejor posible la misión en el mundo de la materia.

Aceptar esto significa no tener dependencias, no ser condicionados, encontrando en sí mismos y en la propia vida la gratificación y la alegría de existir. El reiki es la llave, pero de nosotros depende si decidimos abrir la puerta que conduce al conocimiento de nuestro propio ser.

### 86■ ¿CÓMO PUEDE EL REIKI AYUDAR EN EL CAMPO LABORAL?

También en este caso podemos referirnos a cuanto se dijo anteriormente: en el espíritu del reiki está implícito un "estilo de vida" que se observa en cualquier contexto y circunstancia. De esto se deriva que cualquier acción nuestra, y por tanto también en el ámbito laboral, se caracterizará tanto por el espíritu positivo que nos anima como por ese amor que expresamos frente a todo y a todos. Esta actitud tendrá la capacidad de generar un círculo virtuoso que influenciará todas las situaciones: se evitarán conflictos, antagonismos, comportamientos deshonestos, mientras se exaltará la capacidad de mediación, la colaboración, la sinergia de intenciones y la lealtad.

A muchos, que quizá en este periodo de su vida están viviendo un ambiente de malestar en el ámbito laboral, que desesperan por ver cambiar la calidad de sus jornadas, estas ideas podrán parecer una utopía. A ellos les decimos: ¡inténtenlo! Y lo hacemos con la experiencia y el consuelo de quien, como nosotros, ya lo hicimos. Si el negativismo es contagioso, el espíritu positivo lo es aún más; si no por otra cosa, porque todos, indistintamente, prefieren vivir bien a vivir mal.

## 87 ▪ ¿HAY CONEXIÓN ENTRE EL REIKI Y LA RELACIÓN DE PAREJA?

Si por relación de pareja entendemos dos personas que han elegido libremente compartir con amor lo que la vida pueda reservarles, entonces la respuesta no puede ser otra que sí. Es más, por nuestra experiencia y por la de muchos amigos que han decidido vivir siguiendo los "mandamientos" del reiki, podemos afirmar que una "pareja reiki" ve multiplicadas las probabilidades y posibilidades de una unión satisfactoria y feliz, de un amor completo y consciente.

Cuando el amor y la armonía gobiernan nuestra mente, toda dificultad es superable, toda fuerza se hace más potente, toda relación se hace símbolo y testimonio de nuestra esencia divina.

Obviamente, este tipo de relación, aparentemente idílica y sin problemas, en realidad no está exenta de momentos de dificultad y, de vez en cuando, de sufrimientos; lo que la hace diferente de las demás, más sólida, cualitativamente mejor, es que las personas que dan vida a la relación son diferentes de la mayoría de las demás. Entre ellas no hay lugar para el resentimiento, el incumplimiento, los reproches, que tan a menudo "corrompen" la belleza de un sentimiento; aunque son dos, es único su concepto de armonía, de ser parte de un plan que los ve conciliados hacia un objetivo universal de equilibrio y sintonía. ¡Y no pueden imaginar cuán tierno y profundo puede ser el intercambio energético entre una pareja!

También en una pareja donde solo uno de los dos practica reiki se pueden observar resultados interesantes. Quien lo practica funge de elemento de equilibrio y se aplica para allanar desacuerdos y contrastes. Pero no lo hace por ser más débil, indeciso o subordinado al otro sino, por el contrario, porque es más fuerte, decidido y convencido de perseguir el objetivo común de serenidad y felicidad. Únicamente quien es fuerte tiene el valor de examinarse introspectivamente, de perdonar, de buscar sin falsedad el propio ser y de ayudar al otro a hacer lo mismo.

Falta una anotación: sucede con mucha frecuencia que, después de algún tiempo y salvo casos de egoísmo, insensibilidad o extrema pereza, también el componente de la pareja que todavía no se ha acercado al reiki decide hacerlo. Lo dijimos antes: la actitud positiva puede ser muy contagiosa.

Puede suceder, sin embargo, que las dificultades de la pareja resulten insuperables y que se tome la decisión de separarse. También en este caso el reiki puede ayudar. No haciendo milagros, obviamente, sino dando la posibilidad de "adaptarse" a la situación sin la obligación de buscar un culpable; permitiendo encontrar el valor, la fuerza y el modo de salir de una vida que ya no es gratificante y feliz con el menor daño posible —no sólo para los componentes de la pareja sino también para los eventuales hijos—, ayudando a que cada uno asuma con ánimo sereno las propias responsabilidades, a asumir lo inevitable con madurez, pero también con autonomía y, finalmente —diríamos sobre todo—, sin caer presa de la desesperación.

Todo lo que sucede "debe" suceder, porque así está escrito en el plan universal. Que ocurra porque tenemos que pagar nuestras deudas kármicas, porque en ese determinado momento nos convirtamos en instrumentos para algo que no podemos todavía comprender o porque a través de la inevitable aceptación podremos descubrir partes de nosotros todavía desconocidas u olvidadas, tiene poca importancia.

Recordemos que lo divino que hay en nosotros no nos abandona ni nos abandonará, y en esto debemos tener una fe inquebrantable. El reiki no sólo será un apoyo, sino que también nos convencerá de la grandeza del perdón y la aceptación.

## 88. ¿CUÁLES SON, EN LA PAREJA, LAS PROBLEMÁTICAS MÁS RECURRENTES QUE PROVOCAN BLOQUEOS ENERGÉTICOS?

En la vida de pareja, el hombre y la mujer representan dos mundos extremadamente diferentes, que buscan sincronizar sus órbitas a fin de proceder juntos en la vida, sin perderse. Esto, por desgracia y como todos sabemos, no es fácil.

El mundo femenino se caracteriza por una mayor receptividad y sensibilidad en lo concerniente a las emociones y los sentimientos, por la experiencia de la maternidad con las consiguientes preocupaciones por los hijos, por la responsabilidad del devenir doméstico y familiar. Y, a menudo, por la enorme dificultad de hacer que todo esto coexista lo mejor posible con el trabajo.

De hecho, no es extraño que una mujer se encuentre sin espacios propios, que se sienta sofocada por la pluralidad de obligaciones apremiantes, que con frecuencia perciba al esposo como juez más que como compañero, que deba afrontar la necesidad de cuadrar balances familiares nunca muy abundantes, que vea sacrificado el sentimiento por las dificultades cotidianas. Eso conlleva estrés y frustraciones, agotamiento y desilusiones, que comprometen gravemente el equilibrio del segundo chakra —en estrecho vínculo con el cuarto y el sexto— con la consecuente confusión y depresión. Además, cuanto más profundas sean sus desilusiones, tanto más cerrará su corazón al amor, para ser presa de la rabia, los celos y el rencor. Es realmente difícil, en estas condiciones, perseguir el logro de la armonía universal.

El hombre de nuestro tiempo, caracterizado por la preponderancia del esfuerzo mental sobre el físico, vive en la continua tensión de los ritmos laborales exasperantes, en ambientes donde la ambición, el poder y el éxito dictan las reglas que hay que seguir.

La consecuencia directa es la alienación del propio ser, encerrarse en sí mismo, alejarse de las leyes de la naturaleza y ser indiferente ante las leyes universales y espirituales. Su tercer chakra sufre traumas continuamente, bloqueando la energía dirigida a los órganos de la sexualidad y al centro del corazón. No es casual que la úlcera y el infarto golpeen con mayor frecuencia al hombre que a la mujer, así como no es casual que sea la mujer quien tenga los mayores problemas de salud en los órganos de la reproducción. A nivel de pareja, las dificultades y malestares se suman, mientras que disminuye la capacidad de apoyo recíproco y de amar con un interés profundo.

El reiki puede contribuir, salvedad hecha de la imprescindible necesidad de que sean los mismos cónyuges quienes lo deseen sinceramente, a devolver el equilibrio, la sinergia y el interés. Ya lo dijimos antes: el objetivo primario es la armonía universal.

# PARA CONCLUIR: ¿QUIÉNES SON?

Podemos decir que el nacimiento de este libro empezó a concretarse el día en que Maria Grazia, maestra reiki, conoció a Giancarlo, ocupado de tiempo completo en actividades que poco o nada tenían en común con la espiritualidad.

Ella estaba empeñada en un recorrido que tenía, y tiene, como meta alcanzar la conciencia interior a través de la valoración de aquellos aspectos, propios de la naturaleza humana, que pueden dar a la vida un significado que trascienda la pura y simple cotidianidad. Él, en cambio, estaba inmerso en problemas de organización financiera, de técnicas de comunicación, de cómo hacer surgir, en las situaciones vividas por quienes desarrollan actividades productivas, las potencialidades individuales para alcanzar en el contexto laboral la mayor eficiencia y eficacia.

Desde aquel momento fue evidente que pertenecían a mundos totalmente diferentes, basados en reglas y principios absolutamente incompatibles entre sí, por lo menos en apariencia. Si se quiere, era la oposición entre el espíritu y la materia.

Hasta ese momento, nada era extraño. La vida ofrece situaciones de este tipo. Por eso se maravillaron —tanto Maria Grazia como Giancarlo— cuando descubrieron, a medida que se conocían más profundamente, que, contrario a lo que se podría suponer, no sólo sus experiencias y sus dos mundos tenían numerosos puntos de contacto, sino que podían afrontar problemáticas comunes enriqueciéndose recíprocamente.

Hoy Maria Grazia aplica su experiencia en el reiki en contextos y personas que necesitan disminuir el nivel de ansiedad, de estrés, de competitividad, pero sobre todo, reencontrar en sí mismas serenidad, alegría de vivir, a más de valores personales que les den sentido a sus vidas y satisfacción profunda.

Giancarlo descubrió un mundo que le brinda la posibilidad de realizarse como individuo, de mejorar la relación con los demás, de compartir experiencias de vida —tanto laborales como privadas— sobre la base de valores espirituales y la posibilidad de evaluar el logro de objetivos materiales de cualquier naturaleza. Experimentó el reiki y superando las incertidumbres iniciales, obtuvo el primer y segundo nivel. Hoy está en capacidad de llevar al mundo laboral y a los demás contextos sociales, su capacidad profesional enriquecida por nuevos valores y puntos de vista. Otra vez el espíritu y la materia han encontrado así la manera de fundirse, de encontrar denominadores comunes, sin perder su esencia.

# MI HISTORIA

*Si reconoces la centella divina que hay en ti,
descubrirás también el poder para disolver
los apegos, fuente de tu dolor.*

Es una historia como tantas otras y, precisamente por esto, refleja los sufrimientos que todos pueden experimentar, a causa de acontecimientos y experiencias en apariencia diversos. Pero también es un testimonio de cómo, después de tanta oscuridad, se puede experimentar la alegría de la luz.

Mi infancia estuvo llena de privaciones. Privaciones de alimento y de afecto. Eran los inicios de la década de 1940, y la guerra distribuía a manos llenas destrucción y luto, soledad y desconsuelo, hambre y pobreza.

Vivía en Roma con mis abuelos. Mi padre estaba en el frente, en Albania, y mi madre era demasiado joven y bella para permanecer en casa esperándolo. Todavía recuerdo a mi abuela y su mirada de terror, cuando me arrastraba al refugio del barrio durante los bombardeos. Casi siempre, cuando salíamos, había un nuevo y, a mis ojos, inmenso montón de escombros humeantes. También mi escuela fue destruida y bajo sus ladrillos perecieron monjas y niños. En casa, el mejor alimento era una sopa de frijoles.

A pesar de esta situación, no era una niña triste sino, quizá, extremadamente emotiva. En el edificio donde vivía había otros niños de mi edad y casi siempre estábamos juntos. Jugábamos con las pocas cosas que teníamos, peleábamos y hacíamos las paces, creábamos nuestro mundo donde no había lugar para la guerra y las privaciones. La fantasía y un alegre sentido de solidaridad nos permitían expresar nuestras necesidades infantiles a pesar de todo. Para mí ellos lo eran todo, hasta mi familia, y ahora encuentro en esa situación la primera semilla de la actual comunidad reiki.

Es, entonces, comprensible que haya crecido con ese sentimiento de privación, que después me acompañó durante tantos años de mi vida. Pero algo me sostenía, lo recuerdo vívidamente: la fe. Siempre he tenido, sentido y percibido (es difícil explicar cómo) una parte de mí que, de niña, identificaba con la luz de Jesús. Durante las lecciones de catecismo, me habían enseñado que él era el hijo de Dios, que acabó en la cruz por amor a nosotros, pero resucitó a la vida eterna. Yo sentía que era un "hermano" en el dolor y que, a su lado, él también podía llegar a la resurrección. Cuando de noche el llanto me sacudía, bastaba que lo llamara y entre sus amorosos brazos encontraba consuelo, nadie podía entenderme como Él. Su luz era mi tesoro secreto.

Finalmente la guerra terminó. Roma fue liberada… y mi madre arrestada por colaboracionismo. Nunca he entendido cómo sucedieron realmente las cosas: eran demasiado diferentes las versiones que de vez en cuando me daban. Mi padre, cuando volvió del frente y después del arresto de mi madre, se convirtió en un hombre violento que se desquitaba con todo y con todos. Le tenía terror. Este tipo de emociones me persiguió por largo tiempo y aún hoy, a pesar de haber tenido que aprender a superar esos momentos, frente a la agresividad y la violencia experimento una fuerte sensación de malestar y angustia.

Mi madre salió de prisión cuando yo tenía casi diez años. El núcleo familiar se reconstituyó, pero no felizmente. Fui testigo de furibundas rencillas entre mis padres y que, con frecuencia, rozaban la tragedia cuando mi padre se excedía en el beber. A los once años ya era mujer y comencé a ser objeto de atenciones especiales por parte de amigos de la familia y de profesores en la escuela. Mis padres no parecían darse cuenta de nada y tuve que aprender a defenderme sola. No tenía verdaderos amigos, nos habíamos mudado de casa y debí enfrentar situaciones y relaciones completamente diferentes.

Me hice cada vez más distraída, desordenada y rebelde, no estudiaba, permanecía aislada, ocupada la mayor parte del tiempo en inventar estrategias para huir de mi realidad. Me sentía como un animal perseguido, sin cubil donde refugiarme. Después encontré "el amor" y creí que mis problemas habían terminado. A los dieciocho años me casé, con la esperanza de tener una nueva vida; buscaba con todas mis fuerzas algo en qué creer, algo por lo cual valiera la pena vivir.

Idealicé cada vez más el mundo ligado a las apariencias, alejándome del mundo espiritual. Mis días comenzaron a caracterizarse por expectativas frustradas, soledad, desilusión y, finalmente, rabia. Traté de imponerme un rol social en el que fuese aceptada y, por qué no, también amada. Vivía cada circunstancia con una determinación que a menudo llegaba al umbral de la autodestrucción. El impulso obsesivo de tomar de la vida lo que no había tenido en la infancia condujo a la crisis de mi matrimonio y produjo traumas en mis tres hijos. Era prisionera de mí misma, de mi mente, de mis miedos y de mis falsas necesidades.

La experiencia nos hace comprender los errores cometidos. Entendí que no se debe proyectar sobre los demás nuestras expectativas, no se puede descargar sobre el prójimo la responsabilidad de los deseos insatisfechos, no se puede imponer cambios en la vida de los demás.

Este es el juego terrible que nos aleja de nuestro origen divino, que nos separa de nosotros mismos. Había perdido la fe, buscaba un dios y no lo encontraba, estudiaba las religiones comparadas, seguía cursos de filosofía oriental. Los libros de los grandes maestros me daban una esperanza, pero yo continuaba sintiéndome separada de la luz, que sabía estaba en mi corazón. A medida que mis falsos ídolos se rompían, el conflicto entre mi propio ser y mi mente se manifestó.

Fueron muchas las pruebas que debí superar, y cada una de ellas me permitía comprender con mayor profundidad la experiencia del dolor y la alegría, de la rebelión y la aceptación, de la rabia y el perdón. Cada cosa y su contrario se revelaban necesarias en mi crecimiento, en mi evolución.

Después, un día, sucedió. No sé explicar cómo, pero me encontré en el mundo infinito de la energía del amor. Todo era de una inmensa beatitud. Duró pocos instantes; desde entonces, mi mente, mi corazón, cada parte de mí, participó de manera consciente en el proyecto divino.

Ahora sé que cualquier experiencia es necesaria para comprender, para amar. No hay amor si no hay comprensión. Y comprensión significa entender las razones de los acontecimientos, sin juzgar si, a nuestros ojos, son justas o equivocadas. Hay leyes que, aunque son incomprensibles para nosotros, determinan los niveles de conciencia, y podemos intuirlas acrecentando nuestra espiritualidad.

Siento la necesidad de agradecer a los amigos del grupo reiki y a Angelo, mi amoroso compañero de tantos años, por la ayuda, el apoyo y la cooperación con que día tras día han contribuido a mi evolución.

Cuando se habla de reiki y del sendero de la autosanación, debemos entenderlos como un proceso de purificación, como una sanación del alma mediante el conocimiento del origen común y de la meta espiritual. Pero, para llegar a esto, el camino es a menudo doloroso pues no nos damos cuenta de que los apegos y los hábitos mentales generan nuestros dolores y nos impiden dar y recibir amor.

Conocerse a sí mismos, reconocerse en los demás, comprender y amar, es el proceso que hay que realizar cada día. El paso siguiente es la libertad. Sólo una mente liberada de todo condicionamiento puede aspirar al conocimiento de lo divino, al contacto con él.

# MI CAMINO

GIANCARLO VISCONTI

*Las certezas no son más que ilusiones*
*a las cuales nosotros queremos conferir credibilidad.*
*Cada hombre cree haber conocido la verdad,*
*pero la verdad cierta es una sola: aquella que conoce Dios.*

No contaré mi vida, no es importante. Contaré simplemente mi experiencia desde cuando entré en el mundo del reiki.

Es el testimonio de alguien que se acercó a "eso" con escepticismo y desconfianza, casi con sospecha. Había escuchado hablar demasiado de sectas y congregaciones para estar prevenido. A eso agreguen una mente cartesiana, lógica, de una racionalidad casi matemática, y tendrán mi cuadro personal cuando, por pura curiosidad, comencé a interesarme en el reiki. Sí, curiosidad. Es tal vez mi característica más sobresaliente, la que me impulsó a interesarme en los humanos, en su modo de pensar, de comunicarse, de interactuar, hasta hacerlo mi profesión y, sobre tales situaciones, escribir libros, artículos, dictar seminarios y cursos. No soy un filósofo, soy una persona con un poco de cultura y con el prurito de querer entender todo lo que me sea posible. Y esto —de vez en cuando— puede complicar notablemente la vida, porque no te da paz hasta que aclaras el porqué y el cómo.

Con el reiki eso no me fue posible. Por un simple motivo: no hay nada que entender. El reiki no puede "entenderse". Después de conocer los principios, solamente puede aceptarse o no aceptarse. Y esto depende de cuán fuerte es la percepción de que "viviendo el reiki" se pueden recorrer caminos diferentes a los recorridos hasta entonces, de cuán fuerte es el deseo de mejorar la calidad de vida, el valor de mirarse por dentro, de examinarse introspectivamente y de aceptarse, tomando todo esto como punto de partida para lograr una conciencia cada vez más profunda.

Pero también depende, quizá más que nada, de la capacidad de aceptar —diría casi de querer— cada cambio como experiencia y proceso de evolución del ser. Algo nada fácil, considerando las resistencias del ser humano frente a cualquier forma de cambio. Porque cambiar significa abandonar los viejos esquemas mentales, afrontar lo nuevo, lo diferente. Y esto se identifica con lo desconocido: el mayor de los miedos. Sin embargo, hay algo que puede ayudar: saber que nunca, en ningún caso, el reiki puede perjudicar. En la peor de las hipótesis —ya porque el interesado opone resistencia, ya por clausuras preconcebidas e inamovibles— no sucederá nada. Pero si se afronta la experiencia del reiki como una esperanza de libertad, como un recorrido que conducirá a aceptar, a compartir, a participar la vida, las alegrías, las necesidades de los demás, entonces dentro de cada uno brotará un espléndido arco iris. La existencia cotidiana asumirá un significado hasta entonces desconocido, se experimentará el placer —sí, el placer— de descubrir que no estamos solos en el mundo, el consuelo de que ningún acontecimiento es casual, sino perfectamente coherente con el plan universal que ve a cada uno de nosotros involucrado como parte activa y con igual dignidad que los demás. Se tendrá la fuerza de aceptar todo acontecimiento, aun doloroso, como un fragmento del mosaico que representa nuestro destino y en el cual cada cosa tiene su función y finalidad. Bastará con esperar, con confianza en quien todo lo gobierna, para entender. La rabia, la frustración, el rencor, la depresión, el deseo de "tener", desaparecerán progresivamente para dejar lugar a la serenidad, a la alegría de vivir, de ser y de participar.

Esta ha sido la experiencia de quien ha vivido, durante muchos años, persiguiendo metas absolutas como el éxito, la carrera, ganar dinero, la fama. Mi experiencia, que deseo, todos los lectores tengan.